歩いてまわる
小さなニューヨーク

岡野ひろか

大和書房

はじめに

どこまでも自由で、いつでも元気をくれる街、ニューヨーク。

それは世界で最もエネルギッシュで、
世界中の人々がいつかは訪れてみたいと憧れる大都会。
それでも、ちょっぴり角度を変えて歩いてみると、
見た目も感覚的にも"小さく"感じるニューヨークがあります。

人、食、文化が交差するこの街には、
おしゃれでかわいいショップや、食通をもうならせるレストランがいっぱい。
思いがけないニューヨーカーとの出逢いも色々なところに潜んでいます。

旅の醍醐味でもある新しい発見や驚きは、
素通りせずにくまなく歩いてみることからはじまります。
賑やかな通りを一本奥へ入れば
小さなお店や老舗カフェを見つけることができ、
さらにもっと歩いてみると、
昔ながらの街並みや予想もしていなかったことに遭遇するのです。

観光名所をまわったあとは、少し足を延ばして
地元ニューヨーカーが通う市場やスーパー、公園に出かけ、
この街の素顔を覗いてみましょう。

この本には、そんなお店と色とりどりの
ニューヨークの魅力がぎっしりと詰まっています。

思い思いの小さなニューヨーク時間をお過ごしください。

この本の使い方

歩いて楽しむニューヨークの本

パリ、ロンドンに引き続き、『歩いてまわる小さなニューヨーク』が誕生しました。

ニューヨークに来たなら必ず訪れたいタイムズ・スクウェア、セントラルパーク、フラットアイアン・ビルなど有名スポット周辺の、観光の合間に歩いて行けるおすすめショップやレストラン、そしてニューヨーカーのオアシスを紹介しています。

人々から愛され続ける老舗、新しくオープンした話題のアドレスを盛り込んで、ニューヨークは初めてという人、また何度も訪れているけれど今のニューヨークを感じたいという常連さんたちに、ニューヨーカー気分で街を歩いていただける一冊です。

{ お店紹介の見方 }

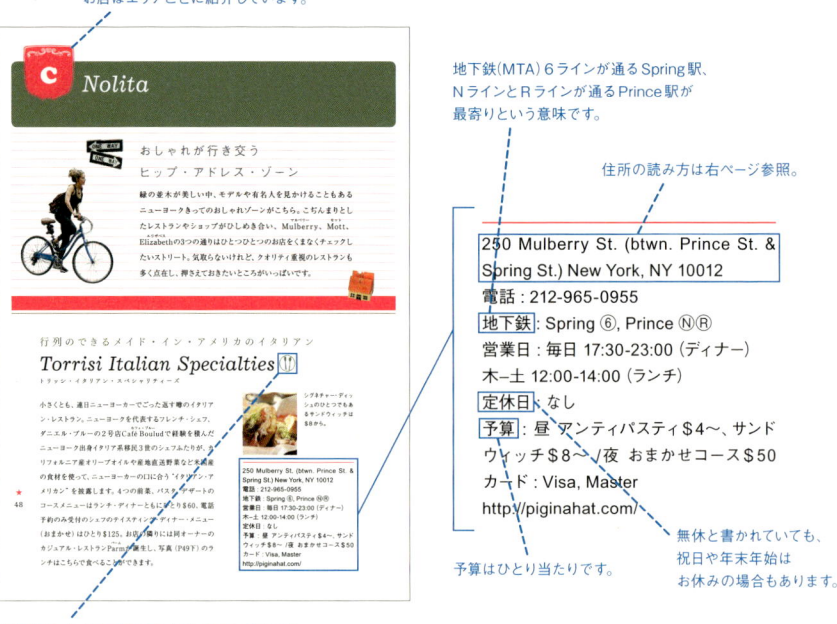

お店はエリアごとに紹介しています。

地下鉄(MTA)6ラインが通るSpring駅、NラインとRラインが通るPrince駅が最寄りという意味です。

住所の読み方は右ページ参照。

予算はひとり当たりです。

無休と書かれていても、祝日や年末年始はお休みの場合もあります。

お店のジャンルを下記のアイコンで示しています。

レストラン　カフェ　グルメショップ　ファッション　雑貨　カルチャー　ホテル

{ 住所の読み方 }

★ 南北に走るAvenue（Ave.＝アベニュー）
東の1st Ave.から西に向かって数字が大きくなります。イースト・ビレッジではアベニューがA、B、C、Dのアルファベットになります。1ブロック（アベニュー間）徒歩約5分。
アベニューの番地…アベニューを挟んで東側が奇数、西側が偶数になります。

★ 東西を横切るStreet（St.＝ストリート）
南から北に向かって数字が大きくなりますが、ダウンタウンやウェスト・ビレッジ周辺のストリートは番号でなく名前がついています。本書の住所で「E. 7th St.」など冒頭にアルファベットがつく場合はそれぞれE.＝East、W.＝West、S.＝South、N.＝Northの略。1ブロック（ストリート間）徒歩約1分。
ストリートの番地…ストリートを挟んで北側が奇数、南側が偶数になります。

例）123 Lexington Ave. (btwn. 28th St. & 29th St.)
→レキシントン・アベニュー沿いの123番地（東側）、28と29ストリートの間。

例）27 Grand St. (at 6th Ave.)
→グランド・ストリート沿いの27番地（北側）、6アベニューとの角。

{ 地図の見方 }

1 おすすめの店が集まる場所を中心に、界隈を1～3つのゾーンに分けました。迷ったり、あまり時間がない人は、このエリアを中心にまわりましょう。

2 ぶらぶら歩きを楽しめる、おすすめスポットを紹介しています。

3 駅名の隣にあるのはその駅を通るライン名です。●は常時停車するライン、○は時間帯によって停車するラインです。ニューヨークの地下鉄は頻繁に変更されるので、ご利用の際は駅で路線図をもらうなどして、最新情報をご確認ください。MTAのサイトでも確認可能。
http://www.mta.info/nyct/maps/submap.htm

4 別の界隈への方向を示しています。まだまだ歩けそうという人は、2つの界隈を組み合わせたプランを組んでみるのもいいでしょう。

5 徒歩の分数は、地図上の2本の黄色い旗のあいだを普通のペースで歩いた時間です。エリアの大きさを把握する目安にしてください。

S スーパーマーケット
D デリ（日用品が揃う、深夜まで営業しているお店）
P 郵便局
ATM ATM
＋ 薬局
WC トイレ
★ 観光スポット

ニューヨーク歩きの基本情報

{ ほんとうに小さいニューヨーク }

マンハッタン島は、東京都心4区（中央、千代田、港、新宿）と同じ面積と言われるほど小さく歩きやすいのです。マンハッタンのほとんどのエリアが碁盤の目状になっていて、南北に延びる道をアベニュー、東西を走る道をストリートと呼びます。北へ行くほどストリートの番号が大きくなり、現在地がわかりやすいのも特徴です。

{ 街の移動は地下鉄＆バスで }

NYでは24時間営業の地下鉄（SUBWAY）、バスが運行しており、ブルックリン、ブロンクス、クイーンズまでもつなぐ地下鉄は、ニューヨーカーの生活の足。地下鉄、バスも乗車距離に関係なく均一＄2.25、地下鉄は改札口を出なければ乗り換え自由。駅の自動販売機か地下鉄ブースでメトロカード（地下鉄・バス共用）を購入し、Single（1回券）、Pay-Per-Ride（利用時に料金が引かれ、チャージも可能なプリペイド）、Unlimited（乗り放題：1日、7日、14日）から選択します。基本的に縦（南北）の移動には地下鉄、横（東西）の移動にはバスを活用するのがおすすめ。地下鉄は、アップタウン（北行き）かダウンタウン（南行き）かの方向により改札が違う場合があるのでご注意を。また急行、各駅停車、ラッシュ時や週末、夜間工事により運行時間の変更もあります。

{ イエロー・キャブに乗るとき }

初乗り運賃が＄2.50のイエロー・キャブ（タクシー）は、急のときや短距離移動、また夜遅くに便利。車の屋根のライトが点灯していたら空車ですが、そこに"OFF DUTY"と書かれていると乗車できません。タクシーに乗ったら、まず料金メーターが作動しているかを確認しましょう。街中で乗車するときのチップは、料金プラス＄1～2。

{ 知っておきたい、チップのこと }

アメリカにはチップの習慣があり、レストランや美容室などサービスを受けるところでは料金の15～20％のチップの支払いが必要です。伝票に記されているTax（消費税）を2倍した額が目安で、ほかにもホテルのベルボーイやタクシードライバーさんに荷物の出し入れをしてもらう場合には＄1ほどのチップを。どちらもお手伝いしてもらったあとに、さりげなく手渡しましょう。1ドル札は、デリやスーパーで買い物をするときにくずしてもらったり、ホテルで両替をしてもらうと便利です。ファーストフード店やセルフサービスのデリではチップ不要です。

{ レストランについて }

人気のレストランは予約をするのがおすすめですが、予約を取らないお店もあるのでその場合はオープン時に向かいましょう。服装はTPOに合ったもの、おしゃれなレストランでは"スマート・カジュアル"がNY流。着飾るわけではなく、カジュアルなワンピースやデニム＆ジャケット、またはシンプルな格好にアクセントの利いたジュエリーやハイヒールなど、さりげないおしゃれさんをよく見かけます。バーやラウンジではID（身分証明書）の提示を求められるところもあり、日本人は若く見られがちなので、お酒を飲むときにはパスポートの持参を忘れずに。

{ ニューヨークを安全に歩こう！}

昔に比べて犯罪が減り安全になったNYでは、女性の夜のひとり歩きも問題ありません。夜はできるだけ人通りの多い道を選び、バーでお酒を飲んで帰りが遅くなったときには、タクシーも考慮しましょう。NY歩きは、ニューヨーカーのようにやや早歩きで堂々と歩くことがポイントです。

{ トイレに行きたくなったら }

NYには公衆トイレが非常に少なく、美術館やデパート、またホテルや食事をしたレストランで済ませるのが無難。街中で見かけるスターバックス・コーヒーには、トイレがあるので覚えておきましょう。

{ ニューヨーカーとの触れ合い }

フレンドリーなニューヨーカーは、見知らぬ人でも気軽に声をかけ合い、そこから話が弾むこともしばしば。"Hi, How are you doing?" の挨拶には、笑顔で "Good, how are you?" と返し、お店で買い物をしたときにはこちらが "Thank you"、誰かの肩にちょっとでも触れたら小声で "Excuse me" と言います。逆に言われたときには、"You're welcome" や "That's OK" とお返し。また、くしゃみをしたあと誰かに "Bless you!"（お大事に！）と言われたら、そのときはにこやかに "Thank you!" と返しましょう。

{ ニューヨークの四季と持ち物 }

ニューヨークの春（3月下旬～5月）：長く寒い冬が明け、木々には新芽が息吹くころ。ニューヨーカーも生き返ったように笑顔を見せ、公園でランチやコーヒーブレイクを楽しみます。ただし寒暖の差が激しいので、はおりものが必要。4月中旬からは桜が咲き、セントラルパークやボタニカル・ガーデン（地図P140）では花見が可能です。ピクニック用のマットがあると楽しいでしょう。

ニューヨークの夏（6月～8月）：健康的な緑が生い茂り、街も夜な夜な賑やかになる季節。気温もぐっと上がり、ときには40度になることも。日差しが強く、日本よりも紫外線が高いので日焼け止めや帽子、サングラスは必須アイテム。とはいえレストランやショップ、地下鉄は冷房が強いので、はおりもの、靴下などを忘れずに。

ニューヨークの秋（9月下旬～11月）：爽やかな9月を過ぎると、芸術の季節に入ります。オペラやクラシックがはじまり、映画祭も開催されてNYが一番センチメンタルになるシーズン。紅葉は10月中旬から11月初旬が一番美しく、セントラルパークやウェスト・ビレッジの街並みがおすすめです。

ニューヨークの冬（11月下旬～3月）：感謝祭以降はイルミネーション、ホリデーマーケットと一気にクリスマスムードに入ります。街中には恋人たちが目立ち、ロマンティックな雰囲気に包まれる時期。雪も降り、氷点下以下になる日もあるので、しっかりとした防寒対策が必要。2月は旧正月、バレンタインで新たに賑わいます。

一年中、持って行くといいもの：雨具、保湿クリーム、歯磨きセット、ビーチサンダル（ホテル内）、フラットシューズ、ジップロック、おしゃれ着。

マンハッタンはどこにある？

★ ニューヨーク市は、マンハッタン、ブルックリン、クイーンズ、ブロンクス、スタテン・アイランドという5つの行政区（Borough）からなっています。多くの観光客が訪れ、また本書で主に紹介しているのは、マンハッタンという「島」です。

★ 本書で紹介するウィリアムズバーグ、パーク・スロープはブルックリンに属しています。ブルックリンへは地下鉄に乗ってイースト・リバーを渡ればすぐです。

★ 日本からの直行便が発着する空港はJFKかEWRのいずれかです。

★ JFK空港からはタクシーが便利でおすすめ。空港に着いたら"TAXI"と表示され係員のいる正規のタクシー乗り場へ向かいましょう。マンハッタンへは一律＄45、それに有料道路の＄5.50と14％のチップを合わせて＄58ほどです。所要時間は40〜60分程度。

★ EWR空港からは、タクシーだと＄80〜100（所要時間30〜60分）ほどかかります。シャトルバスは＄15でミッドタウンの3ヶ所に停車しますが、荷物があるのでいずれにしてもそこからタクシーをつかまえる必要があります。というわけで、EWRよりはJFK行きの航空券を取ることをおすすめします。

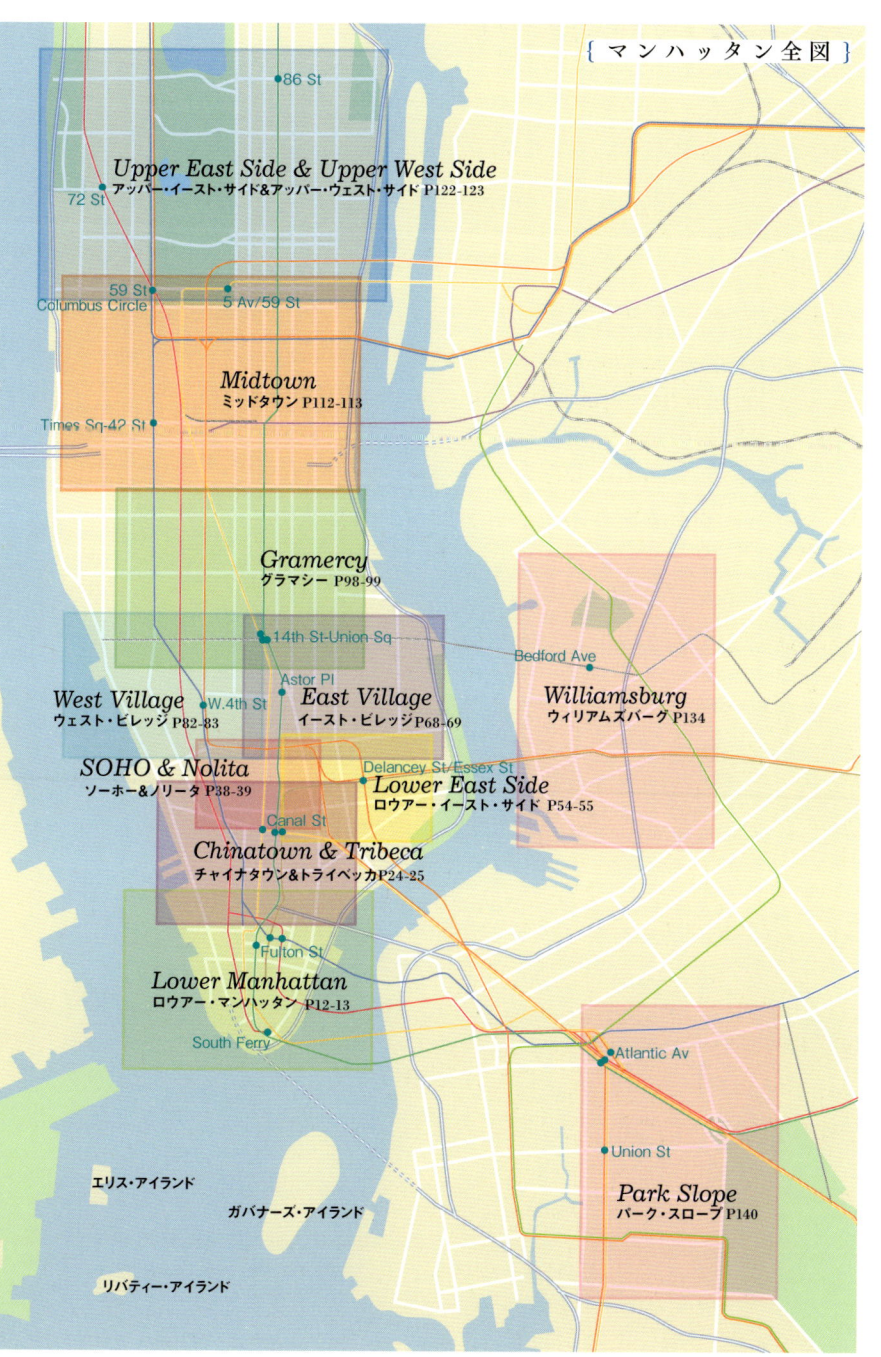

もくじ

- 2 はじめに
- 4 この本の使い方
- 6 ニューヨーク歩きの基本情報
- 8 マンハッタンはどこにある?

- 11 *Lower Manhattan* ロウアー・マンハッタン
- 23 *Chinatown & Tribeca* チャイナタウン&トライベッカ
- 37 *SOHO & Nolita* ソーホー&ノリータ
- 53 *Lower East Side* ロウアー・イースト・サイド
- 67 *East Village* イースト・ビレッジ
- 81 *West Village* ウェスト・ビレッジ
- 97 *Gramercy* グラマシー
- 111 *Midtown* ミッドタウン
- 121 *Upper East Side & Upper West Side* アッパー・イースト・サイド&アッパー・ウェスト・サイド
- 133 *Brooklyn-Williamsburg & Park Slope* ブルックリン-ウィリアムズバーグ&パーク・スロープ

- 149 New York English 〜ニューヨークの英語〜
- 152 ジャンル別索引
- 156 おわりに

Column
ニューヨークの歴史　20
ニューヨークの人々　64
ブルックリンの暮らし　146

ちょっと寄り道
イースト・ビレッジのコミュニティ・ガーデン　78
ウェスト・ビレッジで本屋さんめぐり　94
ザ・ハイライン　108

ニューヨークのはじまり、はじまり

Lower Manhattan

ロウアー・マンハッタン

1625年にオランダ人がマンハッタン島最南端に築いた新天地を"ニューアムステルダム"といいます。そこがロウアー・マンハッタンであり、ニューヨークの中で最初に開拓されたエリアです。世界中の移民がここを通って自由の国へ移り住み、今やアメリカの行政・司法のみならず、世界経済の中心地となりました。ニューヨークのはじまりと今を感じとってみてください。

{ 主な観光スポット }

自由の女神
エリス島移民博物館
ウォール・ストリート
WTC跡地
9/11メモリアル
サウス・ストリート・シーポート博物館

Lower Manhattan

ブルックリン・ブリッジのふもとで昔と今を垣間見る港町

かつてここは漁港街として栄え、船乗りや貿易商が行き交うエリアでした。Fulton Fish Market（フルトン・フィッシュ・マーケット）もここにあったのが、マフィアの出入りにより治安が悪化。その後再開発され、ショッピングモールやレストランで賑わうサウス・ストリート・シーポートが誕生しました。Pier17（ピア）から見えるブルックリン・ブリッジの眺めは圧巻。活気を取り戻した新しい顔を覗いてみて。

産地直送の食材にこだわるロカヴォアなマーケット
New Amsterdam Market
ニューアムステルダム・マーケット

ブルックリン・ブリッジが見える港町の高架下で、毎週日曜に開催されるファーマーズ・マーケット。地元産にこだわるロカヴォアの動きとともに、ニューヨーク州や近隣の州で採れた新鮮な野菜やフルーツ、手作りお菓子にパン、ジャム、はちみつなど保存食も多く販売しています。かつてここは、180年以上も続いたアメリカ最大の魚市場Fulton Fish Marketがあった場所。2005年にブロンクスへ移転して以来、空っぽの跡地にフードカルチャーを再建すべく、ニューヨークの昔の名称「ニューアムステルダム」と名付けてスタートしました。レストランや食料品店も出店しているので、アイスクリームやロブスターサンドウィッチ、ソーセージなどの試食、立ち食いも可能。お土産探しにも最適です。

左：ほんのり漂う手作りパイの香りは、温かいアメリカン・テイストのぬくもり。

ニューアムステルダム・マーケット
Peck Slip とSouth St.の間
（高速道路の下）
New York, NY 10038
電話：212-766-8688
地下鉄：Fulton St ⒶⒸⒿⓏ②③④⑤
営業日：日11:00～16:00（屋外）
http://www.newamsterdammarket.org/

Lower Manhattan

17世紀から続く農場"Queens County Farm"の新鮮な野菜が並ぶ。

キュートな3種のベリーはその場で味わってみよう。

スリルをそそる、お化け屋敷のレストラン

Bridge Cafe 🍴
ブリッジ・カフェ

1794年創業、酒場、売春宿。今や人気レストランとして親しまれていますが、謎めいた過去を持つ当店2階では今でもときどき奇妙な物音や影などの怪奇現象が起こるのだとか!?　おすすめは元市長エド・コッチ氏がNYのベストSoft Shell Crab と評したサンドウィッチ（春〜秋限定）。人気のクラムチャウダーやハンガーステーキもシェアでどうぞ。

279 Water St. (Dover St. & Peck Slip)　New York, NY 10038
電話：212-227-3344　地下鉄：Fulton St Ⓐ Ⓒ Ⓙ Ⓩ ② ③ ④ ⑤
営業日：日〜金11:45-22:00（火〜木は23:00、金は24:00まで）、土 17:00-24:00　定休日：なし
予算：前菜$8〜　　メイン$15〜（ランチ）、$24〜（ディナー）
カード：Visa, Master, Amex　http://bridgecafenyc.com/

上：ソフト・シェル・クラブをまるごとサンド！　下：趣きある外観やインテリアも印象的。運が良ければ、店員さんの言う"ハッピーゴースト"に会えるかも。

厳選したワイナリーから届く、良質なワイン

Pasanella and Son, Vintners 🏺
パサネラ・アンド・サン、ヴィントナーズ

ヨーロッパの小さな家族経営の醸造所で作られるナチュラルワインから、高級ヴィンテージワインまで"レアもの"を取り揃えるワインショップ。毎週日曜午後3〜5時には無料テイスティング、月数回行われるワイン＆チーズの集い（HPより参加登録可/$45）はチーズ専門家を招いて開催。クリスタルグラス、コルクオープナーなどの雑貨やお手頃なオリジナルロゼも忘れずにチェックを。

115 South St. (Beekman St. & Peck Slip)
New York, NY 10038　電話：212-233-8383
地下鉄：Fulton St Ⓐ Ⓒ Ⓙ Ⓩ ② ③ ④ ⑤
営業日：月〜土10:00-21:00、日12:00-19:00　定休日：なし
カード：Visa, Master, Amex
http://www.pasanellaandson.com

店内インテリアのひとつであるFIATはオーナーの車。ワインや雑貨のディスプレイにも彼のセンスが光る。

Lower Manhattan   B

オールド・ニューヨークをめぐる歴史街道

ニューヨーク最古の教会、最古の公園、最古の舗装道路と、高層ビルの谷間に時の流れを感じる歴史的エリア。WTC跡地付近からBroadwayに出て、St. Paul's Chapelを南下すると左手にはWall St. そのまま進んで、オランダ人がマンハッタン島の買い取り代として先住民に＄24を支払った公園、ボウリング・グリーンのベンチで休憩したりStoneSt.のレストランでランチも良いでしょう。

911を忘れない、ニューヨーク最古のチャペル
St. Paul's Chapel
セント・ポール・チャペル

アメリカ初代大統領ジョージ・ワシントンが1789年に就任の宣誓式を行った、ニューヨークで最も古い歴史を持つチャペル。グラウンド・ゼロのすぐ脇にあるこの礼拝堂は、奇跡的に911テロの犠牲にならず、当時は救助活動をする消防隊、ボランティアの人たちの補給所として食糧や寝床を提供しました。現在は遺留品などが展示され、911メモリアル・チャペルとなっています。

209 Broadway New York, NY 1007　電話：212-602-0874
地下鉄：Fulton St ⒶⒸⒿⓏ②③④⑤,
Brooklyn Bridge-City Hall ④⑤⑥
開館日：月−金10:00-18:00、土10:00-16:00、日7:00-16:00
平和の礼拝（毎日）12:30〜　聖餐式（日）8:00〜、10:00〜
http://www.trinitywallstreet.org/congregation/spc/

上:歴史の重みを感じる外観にしみじみとさせられる。下:あの日のことが生々しく感じられる教会の中。10年以上過ぎた今でも風化されることはない。

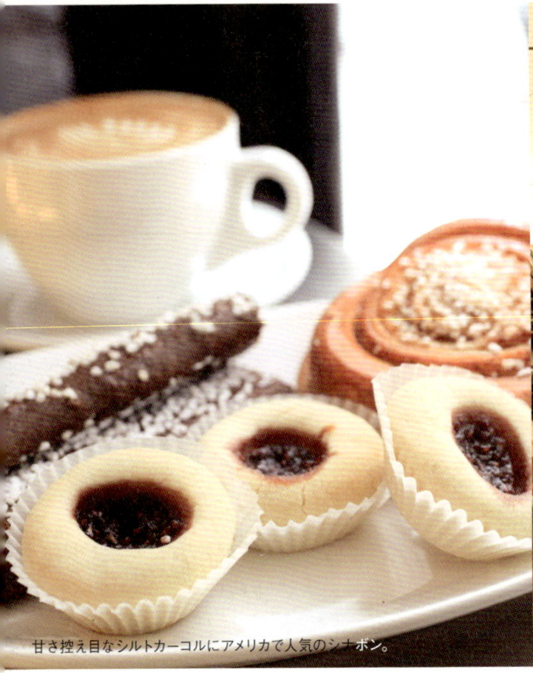

甘さ控え目なシルトカーコルにアメリカで人気のシナボン。

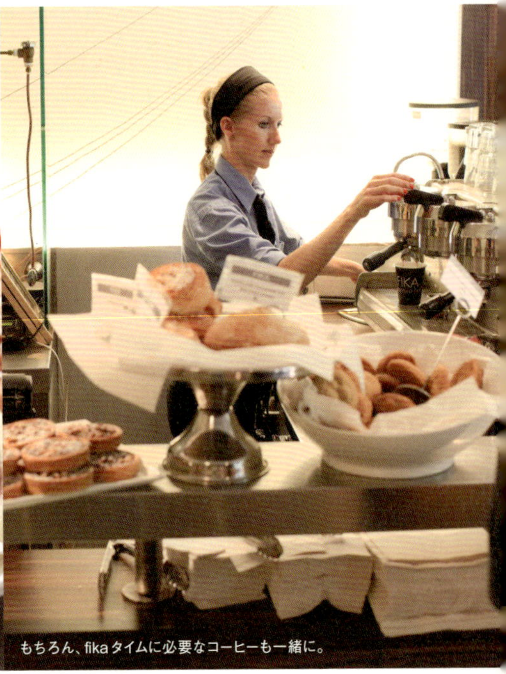

もちろん、fikaタイムに必要なコーヒーも一緒に。

ニューヨークで味わうスウェーデンのfikaタイム

FIKA Espresso Bar

フィカ・エスプレッソ・バー

スウェーデンで毎日プライベートや職場で飛び交う言葉というのが“Ska vi fika?”（スカ・ヴィ・フィーカ）（お茶しない?）。fikaとは、1日2回コーヒーと一緒にいただく“おやつの時間”だそう。2006年にオープンした「フィカ」は、ジャムクッキーとして有名なSyltkakor（シルトカーコル）やシナボン、また鮭と茹でたじゃがいもをパンと一緒に食べるGravlax（グラブラックス）、ミートボールサンドウィッチなど、スウェーデンの食文化をトータルに堪能できるカフェ。一流チョコラティエHåkan Mårtensson（ハカン・マーテンソン）が手がけるチョコレートも並び、オリジナルコーヒーやジャムなどはお土産にぴったり。内装インテリアを白×黒で表現した清潔感あるモダンスカンジナビア風のカフェ、ニューヨークで唯一スウェーデン風fikaタイムを味わえる場所です。

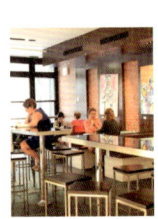

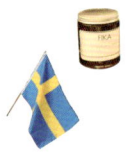

広々とした店内にはウォール・ストリートで働く金融マンたちの姿も。

66 Pearl St. (Broad St. & Old Slip)
New York, NY 10004
電話：646-837-6588
地下鉄：Whitehall St Ⓡ, Wall St ②③
営業日：月−金7:00-19:00、
土9:00-16:00、日10:00-16:00
定休日：なし
カード：Visa, Master, Amex

Lower Manhattan　B

インテリアの色合いがレトロで奥ゆかしい。

室内は、心落ち着くビクトリアン調のインテリア。

風情あるホテルで、オールド・ニューヨークを感じて
The Wall Street Inn
ザ・ウォール・ストリート・イン

ダウンタウンへのアクセスが便利という理由から、最近若い観光客に人気の宿泊エリアとなったロウアー・マンハッタン。風情ある外観や上品なビクトリアン調インテリアがオールド・ニューヨークを感じさせるこのホテルは、ウォール・ストリート、バッテリー・パーク、サウス・ストリート・シーポートまでも徒歩圏内。1本隣りの通りはオランダ統治下時代から残る石畳のレストラン街Stone Street(ストーン・ストリート)、同じ通りには1837年創業のアメリカ初高級ステーキハウスDelmonico's(デルモニコズ)（P22）があるので、1800年代の面影散歩コースにも最適。朝食無料サービスに無料WiFi、スチームサウナやフィットネスなど設備も充実。リーズナブルな料金で快適な滞在が期待できます。

深みのあるクラシックな外観が目印。主に金融街を観光したい人には理想的な立地。

9 South William St. New York, NY 10004
電話：212-747-1500
地下鉄：Wall St ②③, Bowling Green ④⑤
料金：スーペリア$159、デラックス$219〜$399
カード：Visa, Master, Amex
http://www.thewallstreetinn.com/

Column
ニューヨークの歴史

その昔、マンハッタンはネイティブ・アメリカン（先住民）の人々が住んでいた、丘の島"マナハッタ"という場所でした。1609年、オランダ東インド会社に雇われたイギリス人探検家ヘンリー・ハドソンがマナハッタを発見。大西洋と川（のちのハドソン川）による地理的条件のもと、オランダ人はネイティブ・アメリカンからマンハッタン島を$24で購入します。それからたくさんのヨーロッパ人がニューヨークへ入植し、今のロウアー・マンハッタンは"ニューアムステルダム"と呼ばれていました。

1664年にはイギリスの植民地になり、ヨーク公の支配へ。それが、"ニューヨーク"のはじまりでした。民族、言語、宗教、職種において、さまざまな人が混在していたマンハッタン島。そんな背景から、奴隷やアジア人、そして女性に対する差別もほかのアメリカの地域に比べて少なかったと言います。人口が増えるにつれて街は広がり、道路や橋、セントラルパークが作られました。

ニューヨークは昔から、発展のために移民が必要とされていたのです。

19世紀に入り、さらに新しい移民が増加しました。ドイツ人、アイルランド人、東欧系ユダヤ人、イタリア人、そして中国人など、この頃にニューヨークへ渡ってきた移民のほとんどがロウアー・イースト・サイドの狭くて安い"テネメント・アパートメント"に暮らしました。のちにチャイナタウン、リトルイタリー、ユダヤ人街、そして富裕層、芸術家たちの地域が築かれ、ニューヨーク市はマンハッタン、ブルックリン、クイーンズ、ブロンクス、そしてスタテン・アイランドの5つの行政区を構成します。

このように、ニューヨークは誕生以来ずっと新しい人や物を受け入れてきました。その風土は今も変わらず、生き続けています。ニューヨークの街には、ブロックごとに歴史が刻まれていて、建物や通りから蘇る歴史の匂いや奥深い趣を感じとることができるのです。じっくりと歩きながら、ニューヨークが残した歴史の足跡も辿ってみてください。

まだある！ Lower Manhattan のおすすめ

A Table Tales
テーブル・テールズ

アメリカのカントリー風レストラン

軽食をとりたいときに最適なアメリカン・レストラン。ケータリング・サービスを主に行っていて、ナスのサンドウィッチとグリルチキンが定番人気メニュー。観光客で賑わうシーポートの中では隠れ家的存在。2012年5月リニューアルオープン。

住所：207A Front St.　電話：212-766-2370
営：HPで確認を。　http://www.tabletales.com/

A Bowne & Co. Stationers
ボウン・アンド・コー・ステーショナーズ

歴史の中へ連れて行ってくれる文具店

サウス・ストリート・シーポート博物館の敷地内にある19世紀の雰囲気が残るステーショナリー・ショップ。活版印刷のカードや絵はがき、紙ものグッズが勢揃い。歴史のロマンスと手作りのぬくもりを感じるお店。

住所：211 Water St.　電話：212-748-8651
営：水−日10:00-18:00　休：月火　http://www.seany.org/

B Harry's Café
ハリーズ・カフェ

アメリカらしいステーキを味わおう

ハノーヴァー・スクウェアの歴史的建造物インディア・ハウスの半地下に潜むステーキ・ハウス。アメリカらしい"骨つきリブ・アイ・ステーキ"が有名。ディナーは高級なのでランチやブランチもおすすめ。

住所：1 Hanover Sq.　電話：212-785-9200
営：月−金11:30-24:00 ±11:00-24:00　休：日
http://harrysnyc.com/

B Crepes Du Nord
クレープ・デュ・ノール

北欧×ベルギー風のクレープ屋さん

ワインバーもあるクレーペリー。ガレットと甘いクレープ両方のメニューが豊富で、スカンジナビアの食材を使用。スモーク・サーモン入りのガレットやNYらしい"クレープ・ベネディクト"が人気。

住所：17 South William St.　電話：212-422-9500
営：月−土11:00-22:00 日 11:00-21:00　無休
http://crepesdunord.com

B Luke's Lobster
ルークズ・ロブスター

ぷりぷりロブスターは本場メイン州流

アメリカ東海岸ニューイングランド地方では定番のロブスターロールの専門店。メイン州から直送のロブスターを使ったサンドウィッチ。シュリンプロールやクラムチャウダーもメニューにあり。

住所：26 South William St.　電話：212-747-1700
営：月−金11:00-21:00 土日 12:00-20:00
http://www.lukeslobster.com

B Delmonico's
デルモニコズ

ニューヨーク最古の豪華レストラン

1837年創業と、まさにオールド・ニューヨークの社交界の様子を思い描く伝説のレストラン。ハリーズと並ぶ人気店ですが、ブルジョアな雰囲気の中、歴史の香りを満喫したい人はこちらへ。

住所：56 Beaver St.　電話：212-509-1144
営：月−金11:00-22:00 ±17:00-22:00　休：日
http://www.delmonicosny.com/

B Financier Patisserie
フィナンシェ・パティセリー

朝から営業のフレンチ菓子カフェ

フレンチ菓子店として人気のカフェ。ランチにはパニーニやスープなどの軽食も楽しめ、日本人の口にも合うほどよい甘さのマドレーヌも。グランド・セントラル駅構内にもショップのみあり。

住所：62 Stone St.　電話：212-344-5600
営：月−金7:00-20:00 ±7:00-18:30　休：日
http://financierpastries.com/

C Governors Island
ガバナーズ・アイランド

フェリーで10分、無人島でゆったり時間

長い間、軍事的に利用されていた島を、5〜10月の週末のみ一般にも開放される小さな島。アート系イベントが多く行われ、マンハッタンも一望できます。自転車レンタル、芝生でピクニックも楽しい。

営：5〜10月（詳しい日程はHPでチェック）
フェリー乗り場：Maritime Building at 10 South Street
http://www.govisland.com

アジアの台所とトレンディな大人の街

Chinatown & Tribeca

チャイナタウン＆トライベッカ

100年以上の歴史を誇るチャイナタウンに、再開発により高級レストランやショップが増え続けるトライベッカ。この対照的なふたつを結ぶ大通りがCanal St.(キャナル・ストリート)です。
"Tribeca"は、Canal St.南西に広がる三角地帯"Triangle Below Canal St."(トライアングル・ビロウ・キャナル・ストリート)を省略したもの。ふたつのエリアそれぞれがユニークな顔を持ち、その違いを歩きながら嗅ぎとるのがニューヨーク歩きの醍醐味です。

{ 主な観光スポット }

キャナル・ストリート

リトル・イタリー

チャサム・スクウェア

市庁舎

A Chinatown

見どころたっぷりな
アジア諸国のホームタウン

耳を澄ませば威勢の良い広東語が聞こえ、八百屋さんに漢方薬局、ヌードル・ショップ……どこまでも続くアジアの食市場を歩いていると、ここは香港？と錯覚してしまうほどディープな発見があります。ローカルなB級グルメめぐりに、リトル・イタリー辺りから増えはじめるおしゃれショップやレストラン。目抜き通りの<ruby>Canal St.<rt>キャナル・ストリート</rt></ruby>を起点に、隅々までぐるりと一周してみましょう。

レトロな香港の香り漂うニューヨーク最古の飲茶
Nom Wah 🍴
ノム・ワー

チャイナタウンの中でもどこか哀愁漂う<ruby>Doyers Street<rt>ドイヤーズ・ストリート</rt></ruby>。ここは映画「ギャング・オブ・ニューヨーク」で舞台になったスラム街"ファイブ・ポインツ"の一角で、ギャングのたまり場でもあったエリア。そこに、まるで昔の香港にタイムトリップしたかのような1920年創業の飲茶屋さんがあります。開店当初からあるレジや棚、昔からの常連であろう中国人老夫婦の姿など、見るものすべてが歴史そのもの。店主のウィルソンさんが2011年に叔父さんから引き継ぎ、新メニューやビールを加えてからは若者の人気スポットに。注文はオーダー用紙にチェックを入れてウェイターに渡すシステム。オリジナル春巻き、エビ<ruby>焼売<rt>しゅうまい</rt></ruby>やナスのエビすり身詰め、香港焼きそばなど、味わい深いレトロ飲茶をめしあがれ。

レトロでかわいい外観は、1920年のままの姿。タイムトリップはこの扉からはじまります。

13 Doyers St. (btwn. Bowery St. & Pell St.) New York, NY 10013
電話：212-962-6047
地下鉄：Canal St ⑥Ⓙ②ⓃⓇⓆ
営業日：日−木10:30-21:00、
金土10:30-22:00　定休日：なし
予算：$4.95〜
カード：Visa, Master, Amex
http://nomwah.com/

Chinatown A

薄焼き玉子に包んで揚げたオリジナル春巻きは必食だ。

創業当時は、ダイナー風の内装デザインが流行だったとか。

アジアのごはんが恋しくなったらここへ
Nyonya
ニョニャ

店名の「ニョニャ」とは、マレー半島に移民したプラナカンという中国系混血グループの女性たちのこと。料理上手で知られ、中華とアジアの料理を融合したそうです。その名の通りここはマレーシア、タイ、中国、インドネシアの料理をブレンドした活気あふれるアジアの台所。辛み、甘み、酸味の3拍子が揃う多彩なメニューはどれもおいしく、満足いくこと間違いなし。

199 Grand St. (btwn. Mulberry St. & Mott St.)
New York, NY 10013　電話：212-334-3669
地下鉄：Grand St ⑧⑩、Canal St ⑥ⓃⓇⓆⒿⓏ
営業日：毎日11:00-23:30　定休日：なし
料金：$8～
http://www.penangusa.com/

上：お腹をすかせて行きたいアジア料理の数々。左下：海老のダシが効いた"Prawn Mee"ヌードル。海南チキンライス、タイ風ヤキソバ"Mee Siam"もおすすめ。

ローカル色たっぷりの中国式マッサージ
Fishion Herb Center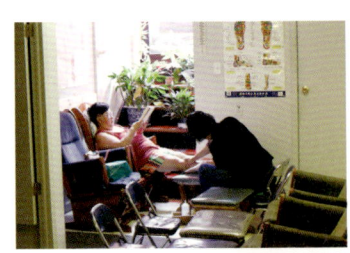
フィション・ハーブ・センター

お店の漢字名「恵生中薬行」と書かれた看板の下から細長く続く路地の奥が入口と、どことなく興味をそそるチャイナタウンのマッサージ屋さんがこちら。足つぼ、鍼、指圧マッサージと充実したメニューに加え個室もあり、足つぼマッサージは40分で$25。漢方薬の種類も豊富で、日本語を話せるオーナー黄さんが親切に対応してくれます。旅の途中で歩き疲れたときにお試しあれ。

107 Mott St. (btwn. Canal St. & Hester St.)
New York, NY 10013
電話：212-966-8771
地下鉄：Canal St ⑥ⓃⓇⓆⒿⓏ
営業日：毎日10:00-20:30　定休日：なし
http://www.fishionherbcenter.com/

上：地下の足裏マッサージ室でほっとひと息。右：この細長い路地を抜けた先がお店。左下：カウンターには各種漢方。

Chinatown

スタイリッシュなロビーには自由に利用できるパソコンも。

ホワイトを基調にした客室はクリーンなトーン。

立地抜群のスタイリッシュなデザインホテル
The James
ザ・ジェームス

チャイナタウンの西端にひときわ目立つガラス張りの建築物。モダンとスタイリッシュさを追求したシカゴ発のデザインホテル「ザ・ジェームス」が、2010年秋にニューヨーク進出しました。木とオフホワイトが調和したモダンシンプルな客室には大きな窓ガラスが設置され、たっぷりと自然光が差し込む居心地の良い空間を演出。シェフDavid Burkeによるモダン・アメリカンを1階のDavid Burke Kitchenで堪能したあとは、プール付きルーフトップバーJimmyに移動してエンパイア・ステート・ビルにハドソン川の景色を一望するのもあり。地下鉄は1ブロック先、SOHO、ウェスト・ビレッジ、トライベッカまでは徒歩圏内。ダウンタウン好きの人には理想的なホテルです。

屋上プールからはダウンタウンの景色が、バーJimmyからはエンパイアも眺められる。

27 Grand St. (at 6th Ave.)
New York, NY 10013
電話：212-465-2000/888-526-3778
地下鉄：Canal St Ⓐ Ⓒ Ⓔ ①
予算：スタンダード$215〜、デラックス$340〜
カード：Visa, Master, Amex, Discover
http://www.jameshotels.com/New-York.aspx

店内へは、ドア付近のブザーを鳴らしてからイン。

ビンテージ×トレンドをミックスした旬なクロッグ

No.6 store

ナンバー・シックス・ストア

「出逢った瞬間、お互いの洋服センスに惚れ合ったの」というきっかけで、ビンテージコレクター、モルガンさんとスタイリスト、カリンさんのファッショニスタ・デュオが2005年に立ち上げたセレクトショップ。彼女たちの審美眼とそのセンスの高さによって選び抜かれたアイテムは、ビンテージからデザイナーズクローズ、そしてオリジナルブランドと幅広く、なかでも大人気のオリジナルクロッグはデザイン性と機能性を兼ね揃えた"大人のサボ"。ウッドソールが軽いので履き心地が良く、マットな色合いが特徴です。春夏はサンダルクロッグ、秋冬はムートンクロッグブーツが登場。モデルやエディター、セレブたちが出入りするこのショップは、ダウンタウンで今最もヒップなアドレスです。

ビンテージアクセサリーも、個性を主張するアイテムが揃います。

6 Centre Market Place (btwn. Broome St. & Grand St.) New York, NY 10013
電話：212-226-5759
地下鉄：Canal St ⑥ⒿⓏⓃⓇⓆ、Spring St ⑥
営業日：月−土12:00-19:00、日12:00-18:00　定休日：なし
カード：Visa, Master, Amex
http://no6store.com/

B Tribeca

モダンでシャープ、都会的なセンスが光る場所

もともとは倉庫街だったのが、再開発によっておしゃれ界隈へと生まれ変わったトライベッカ。有名シェフが手がける高級レストランやバーが集結し、生粋のニューヨーカー、ロバート・デ・ニーロやJay-Zが住んでいることでも有名です。ハイソなだけにどこかクールさも感じますが、それは都会的な洗練さを最大限に放っているからこそ。最先端のトレンドに触れてみて。

古き良き時代を感じさせるビンテージ・ポスターの世界
Philip Williams Posters
フィリップ・ウィリアムス・ポスターズ

世界一の規模なのでは？と思うほどスケールの大きいビンテージ・ポスター・ショップ。1000㎡以上もあるスペースにポスターの数は3万点以上、1870年から現在に至るまでのものが揃い、まるでここはポスター博物館。ジャンルはアート、音楽、広告、映画、旅、演劇、戦争、スポーツ、サーカス……とリストは続き、オリジナルの中には数百万円のポスターも。"chat noir"で有名な画家スタンランの作品や、松田優作や石原裕次郎主演作の映画ポスターなど、レアもの探しも楽しみのひとつです。ニューヨークのポスターやポストカードは想い出に残るお土産になるでしょう。見ているだけでも楽しいポスターデザインの世界に触れて、それぞれの時代を感じてみてください。

お手頃でかわいいNYポストカードはお土産に人気。自分の分も忘れずに。

122 Chambers St. (btwn. Church St. & Broadway)
New York, NY　電話：212-513-0313
地下鉄：Chambers St ①②③Ⓐℂ
営業日：月〜土11:00-19:00
定休日：日
http://www.postermuseum.com/

Tribeca

B

ビビッドな色合いとレトロなデザインが魅力のポスター。

コレクターにとってはポスター天国。つい時間を忘れて長居してしまう。

NYらしい都会的なフェミニンスタイルが光る。

着こなしを引き立たせるアクセサリーも充実。

ダウンタウンテイストのファッション発信地

Otte
オッテ

3.1 Phillip Lim、Alexander Wang、Rachel Comey、Rag & Boneなど、ニューヨークを代表する都会的ファッションを見つけるならここ。高級レストランNOBUやグリニッジ・ホテルのすぐ近くにあり、シックでセクシーなトライベッカらしいトレンドを発信するセレクトショップです。デザイナーブランドだけでなく、これから注目の新進デザイナーものも取り扱い、ハイブランドからインディーズまで幅広くミックス。シューズ、バッグ、スカーフなどのアクセサリーからジュエリー、またJ BRANDをはじめCURRENT/ELLIOTT、EARNEST SEWNなどデニムの種類も豊富です。人気ブランドの新作をいち早く手に入れたい人はぜひここへ。優しく丁寧に接してくれるスタッフも心強い存在です。

カラフルな主役級の大ぶりジュエリーやスカーフもたくさん揃う。ひとつプラスするだけで女らしさがぐっとアップ。

37 N Moore St. (btwn. Hudson St. & Varick St.) New York, NY 10013
電話：212-431-8501
地下鉄：Franklin St ①、Canal St Ⓐ Ⓒ Ⓔ
営業日：月－土11:00-19:00、日12:00-18:00　定休日：なし
カード：Visa, Master, Amex
http://otteny.com/

Tribeca

新しいライフスタイルを提案する自転車ショップ

Adeline Adeline
アデリーヌ・アデリーヌ

サイクリストが急増中のニューヨークに、彼らのライフスタイルを把握したおしゃれ自転車ショップが誕生しました。ヨーロッパ製を中心に、デザインにこだわった自転車やヘルメット、サドル、バッグに本、パソコンカバーなど小物も多く販売しています。今年はkate spadeとのコラボも実現し、"おしゃれしながら乗る自転車" をデザインしました。彼と一緒に覗いてみて。

147 Reade St. (btwn. Greenwich St. & Hudson St.)
New York, NY 10013　電話：212-227-1150
地下鉄：Chambers St ①②③
営業日：水−日12:00-18:30　定休日：月、火
カード：Visa, Master, Amex
http://www.adelineadeline.com

ヨーロッパスタイルのおしゃれ自転車はニューヨーカーの新しいお友だち。サドルや雑貨も上質でスタイリッシュなものが並びます。

ガーリーなブランチにぴったり、小さなアメリカン・レストラン

Tiny's and the bar upstairs
タイニーズ・アンド・ザ・バー・アップステアーズ

サーモンピンクの小さな建物が目印の、とびきりガーリーなレストラン。ハイクラスのトライベッカには嬉しいお手頃なモダン・アメリカン料理を、カジュアルな雰囲気で楽しめます。ヘルシーなズッキーニスープやビーツ入りサラダのほか、ボリューム満点のバーガーとフレンチフライのセットも試してほしいメニュー。夜は、ニューヨーカーで賑わう2階のバーへ。

135 West Broadway (btwn. Duane St. & Thomas St.)
New York, NY 10013
電話：212-374-1135
地下鉄：Chambers St ①②③Ⓐℂ
営業日：毎日 11:00-15:00/17:30-24:00　定休日：なし
予算：$9〜　カード：Visa, Master, Amex

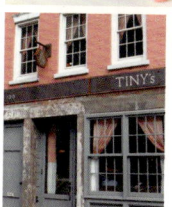

左：レストランの雰囲気にぴったりなサーモンピンクの壁とアンティークな外観。下：食器やナプキンなどのディテールにもこだわりが光る。

まだある！
Chinatown & Tribeca のおすすめ

A Mei Li Wah Bakery (美麗華)
メイ・リー・ワー・ベーカリー

チャイナタウンで一番古いパン屋さん

ローカル中国人、ニューヨーカー、そして観光客とともに人気のチャイナタウンの名店。Baked Pork Bun＝豚パンは80セントという安さと旨さでリピーターを虜に。エッグタルトや飲茶メニューも豊富。

住所：64 Bayard St.
電話：212-966-7866
営：毎日10:00-22:00　無休

A A-Wah Restaurant
アーワー・レストラン

アツアツの香港式釜飯をめしあがれ！

"煲仔飯"と呼ばれる香港式釜飯（Clay Pot Rice）が有名なお店。土鍋で作られる炊きたての釜飯は一度食べたらやみつきになるおいしさ。焼豚、腸詰めソーセージ、卵が入ったハウス・スペシャルがおすすめ。

住所：5 Catherine St.
電話：212-925-8308
営：毎日9:00-23:00　無休

A Apotheke
アポテケ

おしゃれ＆コアな隠れ家バー

ドイツ語で"薬局"を意味するこのバーは、Nom Wah (p26)のすぐ側に位置し、その昔はアヘン窟だったのだそう。コンセプトは薬局とあり、ハーブやフルーツを多く使った体に効くカクテルが多い。

住所：9 Doyers St.　電話：212-406-0400
営：月-土18:30-26:00 日20:00-26:00　無休
http://www.apothekenyc.com

A Kamwo
カンウォー

おうちで煎じる自分だけの中国漢方

ストレス、肌荒れ、婦人病など女性の悩みを"体質改善"して治す漢方。店内には生薬、茶葉、パッケージされた漢方がぎっしり。生薬名がわかっている人は、漢字で提示を。漢方医による診察も可能。

住所：211 Grand St.　電話：212-966-6370
営：月-金10:00-19:00 土日9:30-19:00　無休
http://www.kamwo.com

B Smith & Mills
スミス・アンド・ミルズ

知る人ぞ知る、看板なしの小さなレストラン

見過ごしてしまいそうな71番のビリヤードボールが目印のおしゃれレストラン。センスの良いアンティーク調のインテリア、トイレの内装も要チェック。

住所：71 N Moore St.　電話：212-226-2515
営：毎日11:00-16:00（ランチ）　土-水17:30-26:00、木-土17:00-27:00（ディナー）　無休
http://www.smithandmills.com

B Plein Sud
プレイン・シュド

シックなフレンチ・ビストロでブランチ

Smyth Hotel 1階にあり、朝食やブランチが似合う透き通った雰囲気が魅力の南仏ブラッセリー。カリッとした薄焼きピザのようなflat breadが人気。

住所：85 West Broadway　電話：212-204-5555
営：毎日6:30-11:00（朝食）　月-金 11:30-16:30（ランチ）
日-水 16:30-23:00、木-土 16:30-24:00（ディナー）
土日 11:30-16:30（ブランチ）　無休

B Locanda Verde
ロカンダ・ヴェルデ

トライベッカっぽさ満点のイタリアン

ロバート・デ・ニーロが共同経営しているThe Greenwich Hotel 1階のイタリアン。広々としたスペース、長いカウンターバー、人々のざわめきと、ダイナミックで都会的な雰囲気。

住所：377 Greenwich St.　電話：212-925-3797
営：毎日8:00-23:00、休憩あり。時間帯によってメニュー変更。http://locandaverdenyc.com

B Tribeca Treats
トライベッカ・トリーツ

アメリカン・スイーツが勢揃い

レシピ本"Sweet Chic"の著者、レイチェル・テボルトさんのスイーツ・カフェ。甘さ控え目のアイシングが魅力のカップケーキにウーピーパイ、ブラウニーのほか、カードやパーティグッズも販売。

住所：94 Reade St.　電話：212-571-0500
営：月-土10:00-19:00 日12:00-18:00　無休
http://www.tribecatreats.com

ショッピングとカフェを満喫する一日

SOHO & Nolita

ソーホー & ノリータ

Broadway（ブロードウェイ）とPrince St.（プリンス・ストリート）を中心に観光客で賑わうSOHOと、こぢんまりとした小さなブティックやカフェが並ぶノリータ。その昔、倉庫街としてアーティストたちが住んでいたSOHOも、今ではニューヨークの中で最もおしゃれな街となりました。ショッピングを楽しんだあとは、ゆったりとした空気が漂うノリータでカフェタイム。そんな女の子らしい一日を過ごしてみてください。

{ 主な観光スポット }

ブロードウェイ大通り

ニュー・ミュージアム

ニューヨーク市消防博物館

エリアA ソーホー

P83 ウェスト・ビレッジ

West Houston St.
W. Broadway

Marc Jacobs （ウィメンズ） マーク・ジェイコブス

MARNI （ウィメンズ） マルニ

J.Crew （メンズ/ウィメンズ） ジェー・クルー

Apple Store SOHO
アップル・ストア・ソーホー
旅行中のメールのチェックはアップル・ストアでするのがおすすめ。

Once Upon a Tart
ワンス・アポン・ア・タルト （スイーツ）

CAMPER （靴）カンペール

Prince St.

COLE HAAN コール・ハーン （メンズ/ウィメンズ）

Anna Sui （ウィメンズ） アナ・スイ

The Mercer ザ・マーサー （ホテル）

Charlton St.

Global Table グローバル・テーブル （食器）

Baney's CO-OP バーニーズ・クープ （メンズ/ウィメンズ）

Vandam St.

The Hat Shop P43 ザ・ハット・ショップ（帽子）

A.P.C. アー・ペー・セー （メンズ/ウィメンズ）

Rag & Bone （ウィメンズ） ラグ・アンド・ボーン

Spring St.

Thompson St.

Spring St.

Stone Pavement
石畳の通り
倉庫街だった頃の石畳とレンガ造りの建物が残る道路。

Spring St.

New York City Fire Museum
ニューヨーク市消防博物館

Anthropologie アンソロポロジー （ウィメンズ/インテリア雑貨）

Steven Alan スティーブン・アラン （メンズ/ウィメンズ）

Dominick St.

Jack Spade ジャック・スペード （メンズ）

Sullivan St.

Sunrise Mart サンライズ・マート （和食/カフェ）

MarieBelle New York P42 マリベル・ニューヨーク（チョコレート）

Broome St.

W. Broadway

Wooster St.

Broome St.

Kate Spade ケート・スペード （ウィメンズ）

Greene St.

Avenue of the Americas (6th Ave.)

Mercer St.

P40 **Loopy Mango** ルーピー・マンゴ （手芸/インテリア）

Grand St.

Le Pain Quotidien ル・パン・コンティディアン （パン/サンドウィッチ/コーヒー）

The James ザ・ジェームス P29

Canal St.

Canal St.

Canal St.

Canal Street Post Office

Howard St.

P24 トライベッカ

Lispenard St.

Varick St.

SOHO & Nolita

P68 イースト・ビレッジ

2Av

Whole Foods

Bleecker St

Angelica Film Center
アンジェリカ・フィルム・センター
(映画館)

B'way-Lafayette St

East Houston St.

P52 B4 It Was Cool
ビフォー・イット・ワズ・クール
(アンティーク・ランプ)

Me & Ro
ミー・アンド・ロー
(ジュエリー)

Café Duke
カフェ・デューク
(デリ)

Sephora
セフォラ (コスメ)

Housing Works Bookstore Café P52
ハウジング・ワークス・ブックストア・カフェ (書店/カフェ)

エリアC ノリータ

Victoria's Secret
ヴィクトリアズ・シークレット (下着)

PRADA プラダ
(メンズ/ウィメンズ)

Paula Rubenstein
ポーラ・ルーベンシュタイン
(アンティーク雑貨)

McNally Jackson Books
マックナリー・ジャクソン・ブックス (書店/カフェ) P52

Aesop
イソップ (コスメ)

New Museum
ニュー・ミュージアム

Prince St

Café Gitane
カフェ・ジタン (フレンチモロッコ)

Dean & Deluca
ディーン・アンド・デルーカ (食材)

Hampton Chutney
ハンプトン・チャットニー (インド料理)

Prince St.

Torrisi Italian Specialties P48
トリッシ・イタリアン・スペシャリティーズ (イタリアン)

INA アイナ (セカンドハンドショップ)

Café Havana
カフェ・ハバナ (キューバ)

Caffe Falai
カフェ・ファライ (イタリアン)

Parm パーム (イタリアン)

Erica Tanov P52
エリカ・タノヴ (ウィメンズ/子供服)

Uniqlo ユニクロ
(メンズ/ウィメンズ)

Balaboosta
バラブースタ (中東/地中海) P52

Elizabeth Street Gallery P51
エリザベス・ストリート・ギャラリー (アンティーク・ギャラリー)

バリバリ
イタリアン

Spring St

Steve Madden スティーブ・マデン (靴)

Only Hearts P50
オンリー・ハーツ (下着/ウィメンズ)

Broadway
ブロードウェイ大通り

MOMA Design Store
モマ・デザイン・ストア (デザイン雑貨)

Ceci Cela Patisserie P52
セシ・セラ・パティセリー (フレンチカフェ)

P54 ロウアー・イースト・サイド

Balthazar
バルタザー (フレンチ)

Spring St.

Chase Bank

Duane Reade

FedEx Office Ship Center

Lombardi's Pizza
ロンバルディズ・ピッツァ (ピザ)

Café El Portal
カフェ・エル・ポータル (メキシカン)

Sur La Table
スー・ラ・ターブル (食器/キッチン用品)

GAP ギャップ
(ウィメンズ)

Starbucks スターバックス (コーヒー)

epistrophy
エピストロフィ (コーヒー/サルディーニャ料理) P44

Rite Aid

Baked by Melissa
ベイクド・バイ・メリサ (ミニ・カップケーキ)

Paul Frank
ポール・フランク (雑貨)

Kenmare St.

Bowery

Bloomingdale's
ブルーミングデールズ (デパート)

Sweet William P52
スイート・ウィリアム (子供服)

Capital One Bank

Old Navy
オールド・ネイビー (メンズ/ウィメンズ)

La Esquina P52
ラ・エスキーナ (メキシカン)

エリアB ソーホー&ノリータ

P25 チャイナタウン

Broome St.

Madewell
メイドウェル (ウィメンズ)

Despaña P47
デスパーニャ (スペイン食材)

citibank

Topshop
トップショップ (メンズ/ウィメンズ)

no.6 store P30
ナンバー・シックス・ストア (クロッグ/ウィメンズ)

Pearl River
パール・リバー (アジア雑貨)

Vespa SOHO
ベスパ SOHO (バイク)

Kamwo P36
カンウォー (漢方)

Nyonya P28
ニョニャ (アジア料理)

1:5,000
0 50m

P46 De Vera
デ・ヴェラ (ジュエリー/アートオブジェ)

Opening Ceremony
オープニング・セレモニー (メンズ/ウィメンズ)

Canal St

Hester St.

Fishion Herb Center
フィション・ハーブ・センター (マッサージ) P28

Canal St

徒歩約15分

A SOHO

宝探しを求めて歩くとっておきの午後

SOHOの待ち合わせスポットでもあるDean&Delucaからスタートして、West Broadway(ウェスト・ブロードウェイ)方向へ。お目当てのブランドをまわって、路上アーティストたちの作品を眺めながら歩くのもSOHOの楽しみ方のひとつです。Thompson St.(トンプソン・ストリート)やGrand St.(グランド・ストリート)まで足を運ぶと個性的なお店も顔を出し、よりいっそうショッピング熱がヒートアップ。買いそびれないためにも、お土産は早い段階から購入を。

乙女心をくすぐるラブリーな手芸世界へようこそ

Loopy Mango
ルーピー・マンゴ

小さなエントランスをくぐると、瞬く間にラブリーなムードに包まれる生活雑貨のブティックがこちら。ニューヨークの美大FIT(エフ・アイ・ティー)(Fashion Institute of Technology)で知り合ったジュエリー・デザイナーのウェジョンさんとアーティストでもあるアナさんのふたりが「ここで新しい発見、新しい経験と出逢ってほしい」という願いを込めて、乙女のためのワンダーランドを立ち上げました。手芸グッズを中心に洋服、アンティーク雑貨、ジュエリー、キャンドル、家具、食器にアートピース……どこを見ても"かわいい！"が止まりません。広々とした店内の奥にあるスペースは毛糸＆編み物コーナー。平日の夜は編み物クラスが開催され、週2回2時間のレッスンは時間に余裕のある人はぜひ。

雑貨好きにはたまらない手芸ワールド。ここにいることが"旅"と感じるお店です。

78 Grand St. (btwn. Greene St.& Wooster St.) New York, NY 10013
電話：212-343-7425
地下鉄：Canal St Ⓐ Ⓒ Ⓔ, Spring St ⑥
営業日：月−土11:00-19:00
日12:00-18:00　定休日：なし
カード：Visa, Master, Amex
http://loopymango.com/

SOHO

A

部屋に飾りたい雑貨やかわいい洋服は、見ているだけで宝探しの気分。

見ているだけでわくわくしてしまう色とりどりの編み物コーナー。

やさしい笑顔と対応がうれしいスタッフ。 チョコと一緒にキラキラ輝く上品なディスプレイ。

お土産に喜ばれるチョコレートの宝石箱
MarieBelle New York
マリベル・ニューヨーク

「はじまりはココアだった」と言う、マヤ族末裔でホンデュラス出身のマリベルさんが手がけるチョコレートショップ。30種類以上のフレーバーのチョコレートからカカオ61～72%のココア、紅茶にジャムまで揃い、まさにとろける喜びがぎっしりと詰まった誘惑の世界。ひとつひとつにイラストが描かれたガナッシュのデザインは、日本人イラストレーターyukihayasakiさんとマリベルさんの旦那さまジャックさんによるもの。イラストによって味が異なり、ほどよい甘さが口の中に広がります。食べるのがもったいないくらいのチョコは、特別な人へのギフトにも最適。チョコの宝石箱を手に入れたあとは、奥のカカオバーでスパイシーなアステカココアはいかが？ 芳醇な香りと味わいが待っています。

ひとつひとつ、じっくり味わいたいアート・チョコレート。

484 Broome St. (btwn. Wooster St. & W.Broadway) New York, NY 10013
電話：212-925-6999
地下鉄：Canal St ⒶⒸⒺ, Spring St ⑥
営業日：毎日 11:00-19:00
定休日：なし
カード：Visa, Master, Amex
http://mariebelle.com/

SOHO

ひとつひとつの帽子から物語が生まれそうな優雅な風格。

ニューヨークで見つける、とっておきの帽子
The Hat Shop
ザ・ハット・ショップ

　SOHOでものどかな通りThompson St.に、チャーミング
なオーナー、リンダさんが経営する帽子屋さんがあります。
ウォール街で働いていた彼女が"本当のパッション"を追
いかけて今年で7年目。milliners＝帽子作家さんのぬくも
りを感じる麦わら帽子や、配色の妙、個性的なデザインが
光る羽根つきダービーハットが並び、伝統的なニューヨーク
カルチャーに触れるのもここならではの醍醐味。「どんな
顔かたちの人でも似合う帽子が必ずあるのよ」と語るリンダ
さんは日本文化にも詳しく、あなたにぴったりの帽子を探し
てくれます。オリジナルラインChapeau Chateauはサイズ、
カラー、アクセントになる飾りもカスタマイズ可能。個性あ
ふれる帽子の世界を覗いてみて。

ウィンドーを見ただ
けで吸い込まれる
ディスプレイ。

120 Thompson St. (btwn. Prince St. &
Spring St.) New York, NY 10012
電話：212-219-1445
地下鉄：Spring St Ⓒ Ⓔ、Prince St Ⓝ Ⓡ
営業日：月–土 12:00-19:00、
日 13:00-18:00
定休日：1～3月、7～9月の月曜日
カード：Visa, Master, Amex
http://thehatshopnyc.com/

SOHO&Nolita

買い物の合間に
静かな通りで深呼吸

中心部の賑わいから離れて人通りの少ないこの地域へ来ると、リトル・イタリーとの境界でもあるBroome St.(ブルーム・ストリート)にぶつかります。この辺りはチャイナタウンにも近く、様々なカルチャーが交差するところ。おしゃれショップの隣りには漢字の看板があったり、ファッショニスタとすれ違うのは地元のおじさんだったり。その不思議なバランスが、ニューヨークらしさなのです。

ソフィスティケートな若者に交ざってカフェタイム

epistrophy
エピストロフィ

SOHOでショッピングを終えたら穏やかなノリータのカフェでひと休み。バーカウンターでひとり本を読む男性もいれば、アンティークテーブルを囲んでガールズトークに夢中な女の子たち。そんなニューヨーカーに交ざってリラックスするのにちょうどいいカフェがこちら。食事のほうも本格的なイタリアンとサルディーニャ料理のミックスで、サルディーニャ・ニョッキと呼ばれる細長い貝殻形パスタ "マロレッドゥス" のトマトソースは絶品です。食後にはエスプレッソマシーンで作ってくれるカプチーノと一緒にティラミスを。夜になると一気にワインバーへと変身、ここで夜遊び前に待ち合わせて軽く1杯がニューヨーク流。友だちと一緒にカフェ、または特別なディナーにぜひ。

外のテラステーブルにも小さなお花が飾られ、気持ちのいいティータイムが楽しめる。

200 Mott St. (btwn. Spring St. & Kenmare St.) 電話：212-966-0904
地下鉄：Spring St ⑥
営業日：月～金11:30-24:00
土日11:30-25:00　定休日：なし
予算：ランチ$7.50～　ディナー前菜$6～、パスタ$11～、メイン$12～
カード：現金のみ
無料WiFiあり
http://epistrophycafe.com/

SOHO&Nolita

POST-MINIMALISM?

カウンター席のおしゃべりも想い出深いひとときになるはず

イタリア人オーナーのセンスが光るアンティーク家具

アンティーク・オブジェが存在感を放つ。　　洗練されたクラフトマンシップが輝くハンドメイド・ジュエリー。

美術館のような空間を見つめる魅惑のハイジュエリー
De Vera
デ・ヴェラ

1階は16〜19世紀の宗教芸術品を中心とするヨーロピアン・オブジェやオーナーがデザインしたジュエリーが並び、地下には江戸時代の蒔絵の箱をはじめ、アジア系アートが置かれている刺激的なショップ。美術館のような空間のアートピースは、すべてコレクターでもあるオーナー兼ジュエリー・デザイナーのフェデリコさんが集めたもので、彼の作るジュエリーはアンティーク・デザインからインスパイアされています。ダイアモンドは上質のローズカットのものを使用し、その優しい輝きを放つダイアモンドをよりいっそう引き立たせる繊細かつきめ細かいデザインが魅力。美を追求した一点物ジュエリーはお高いけれど、どれも一見の価値あり。一生もののジュエリーと出逢えるチャンスです。

オンリーワンの指輪はエンゲージメント・リングにもぴったり。

1 Crosby St. (btwn. Grand St. & Howard St.)　電話：212-625-0838
地下鉄：Canal St ⑥ⓃⓆⓇⒿⓏ
営業日：火–土11:00-19:00
定休日：日、月
カード：Visa, Master, Amex
http://www.deveraobjects.com/
他店舗：Z6 E. 81st St. (P123エリアA)

SOHO&Nolita

ピンチョスはいろんな種類を試してみたい。　　ここでしか手に入らないレアなオリーブオイル、缶詰がいろいろ。

ニューヨークにいながらスペインにひとっ飛び

Despaña
デスパーニャ

チェーン展開する有名店や老舗グルメショップがたくさんあるニューヨークで、スペイン産食材ならおまかせのお店がこちらです。スペインから輸入したハモン・セラーノやイベリコ豚などの生ハムに缶詰、オリーブオイルやパエリアセット、さらに店内奥にはお惣菜コーナーもあり、タパスやピンチョス、サンドウィッチを気軽にイートイン。バル風にビールやワインも一緒に楽しめます。日本人にも人気のお土産は、小さな瓶に入っているロースト赤パプリカの酢漬け。酸味はほとんどなく、やさしい味なのででサラダに合う一品です。隣にはDespañaのワインショップがあり、おつまみのついでにワインも買ってホテルで晩酌も楽しい旅の想い出になるでしょう。

ふらっと立ち寄れる雰囲気が魅力なので、気軽なランチやおやつ休憩にもどうぞ。

408Broome St. (btwn. Lafayette St. & Centre St.)
電話：212-0219-5050
地下鉄：Spring St ⑥
営業日：月−土11:00-20:00、
日11:00-17:00　定休日：なし
予算：$5〜
カード：Visa, Master, Amex, Diners Club, Discover
http://despananyc.com/

47

Nolita

おしゃれが行き交う
ヒップ・アドレス・ゾーン

緑の並木が美しい中、モデルや有名人を見かけることもあるニューヨークきってのおしゃれゾーンがこちら。こぢんまりとしたレストランやショップがひしめき合い、Mulberry(マルベリー)、Mott(モット)、Elizabeth(エリザベス)の3つの通りはひとつひとつのお店をくまなくチェックしたいストリート。気取らないけれど、クオリティ重視のレストランも多く点在し、押さえておきたいところがいっぱいです。

行列のできるメイド・イン・アメリカのイタリアン

Torrisi Italian Specialties
トリッシ・イタリアン・スペシャリティーズ

小さくとも、連日ニューヨーカーでごった返す噂のイタリアン・レストラン。ニューヨークを代表するフレンチ・シェフ、ダニエル・ブルーの2号店Café Boulud(カフェ・ブルー)で経験を積んだニューヨーク出身イタリア系移民3世のシェフふたりが、カリフォルニア産オリーブオイルや産地直送野菜など米国産の食材を使って、ニューヨーカーの口に合う"イタリアン・アメリカン"を披露します。4つの前菜、パスタ、デザートのコースメニューはランチ・ディナーともにひとり$60、電話予約のみ受付のシェフのテイスティング・ディナー・メニュー(おまかせ)はひとり$125。お店の隣には同オーナーのカジュアル・レストランParm(パーム)が誕生し、写真(P49下)のランチはこちらで食べることができます。

シグネチャー・ディッシュのひとつでもあるサンドウィッチは$8から。

250 Mulberry St. (btwn. Prince St. & Spring St.) New York, NY 10012
電話:212-965-0955
地下鉄:Spring ⑥, Prince ⓃⓇ
営業日:毎日 17:30-23:00 (ディナー)
木−土 12:00-14:00 (ランチ)
定休日:なし
予算:昼 アンティパスティ$4〜、サンドウィッチ$8〜 / 夜 おまかせコース$50
カード:Visa, Master
http://piginahat.com/

Nolita

今NYで最も注目されているシェフふたりのお店。

小皿料理に自家製モッツァレーラはどれも驚くほどの美味しさ。

肌触りを重視したベーシック・アイテムも必見。

雑貨、ビンテージ洋服もラブリー一色。

愛くるしいランジェリー＆ジュエリーにハートをつかまれて
Only Hearts ♉
オンリー・ハーツ

誰かのクローゼットの中に迷い込んだかのような、フェミニンムードたっぷりのランジェリー・ブティック。その店名の通り、もともとはハート好きのオーナー、ヘレナさんがハート・グッズだけを販売しようと1978年にオープンしたお店。その後、娘さんのカヤさんと一緒に「タイムレスなものを着てほしい」というコンセプトのもと、ランジェリーブランドを展開。セレブを含め、たくさんのニューヨークの女性から愛され続けています。レース、ストレッチメッシュ、コットンなど洋服のTPOに合わせたランジェリー選びを楽しめ、オリジナルラインのトップやカクテルドレスもランジェリーブランドならではの着心地の良さや繊細なディテールが光ります。愛くるしいハートシェイプのジュエリーも併せてチェックを。

ハート好きにはたまらないキュートなハート・ジュエリー。

230 Mott St. (btwn. Prince St. & Spring St.) New York, NY 10012
電話：212-431-3696
地下鉄：Spring St ⑥, Prince ⓃⓇ
営業日：月–土 12:00-20:00、
日12:00-19:00　定休日：なし
カード：Visa, Master, Amex
http://onlyhearts.com/

Nolita

マックスくんと一緒にガーデンでひと休み。

ヨーロッパの歴史と文化を感じるアンティーク・オブジェ。

エデンの園のような、ガーデンギャラリー
Elizabeth Street Gallery
エリザベス・ストリート・ギャラリー

緑の中に彫像が見え隠れするElizabeth St.のガーデンは、一風変わった白髪おじさまアランさんのアンティーク・ギャラリー。ニューヨーク市内の歴史的建造物から集められた暖炉やステンドグラス、さらに17〜20世紀にわたるヨーロッパの彫像、ゴシック形式の装飾芸術品が屋内にもガーデンにも展示されています。動物のオブジェも点在するその不思議な世界は、ノリータにいることを忘れるほどユニークでエキセントリック。ガーデンに出ると、アランさんの愛犬マックスくんが快くウェルカムしてくれ、ナビゲートしてくれるかのように走りまわっています。エデンの園のようなお庭で、つかの間のくつろぎ時間をお過ごしください。

かつてはベーカリー、そして消防署だったギャラリーの外観。当時の面影が伝わる。

209 Elizabeth St.
(btwn. Prince St. & Spring St.)
New York, NY 10012
電話：212-941-4800
地下鉄：Spring St ⑥, Prince St Ⓝ Ⓡ
営業日：【10〜5月】月〜金10:00-18:00、土日12:00-18:00 【6〜9月】月〜金10:00-18:00　定休日：6〜9月の土日
カード：Visa, Master, Amex
http://www.elizabethstreetgallery.com/

まだある！
SOHO & Nolita のおすすめ

B　La Esquina
ラ・エスキーナ

ホットなメキシカン・ダイナー

外観はレトロなダイナー、料理はメキシカンタコスという面白いコンセプトのお店。地下には知る人ぞ知る同店のバーがあり、ヒップスターたちの隠れ家スポットに。要予約。系列店（P134）あり。

住所：114 Kenmare St.　電話：212-613-7100
営：月–木12:00-24:00 金–土11:00-25:00（ブランチは土日11:00-15:45）　無休　http://esquinanyc.com

B　Sweet William
スイート・ウィリアム

オーガニック素材の子供服

どれもかわいくて顔がほころんでしまう子供服店。ブルックリン発ブランドMor Mor Ritaやスウェーデンの Tussなどを取り揃え、洋服はほぼすべてがオーガニック素材のもの。絵本や小物、ぬいぐるみも。

住所：85 Kenmare St.　電話：212-343-7301
営：月–金 11:00-19:00 土日12:00-19:00　無休
http://www.sweetwilliamltd.com

C　Balaboosta
バラブースタ

中東×地中海のロマンティック・ディナー

Taïm（P92）の姉妹店。メニューはイスラエルやモロッコ料理を基盤に、地中海、フレンチの風味もプラスされている。ムード漂うディナーはデートにぴったり。

住所：214 Mulberry St. #1　電話：212-966-7366
営：ディナー 17:30-23:00（金土 23:30、日 22:00まで）、ランチ 火–金 12:00-15:00、ブランチ 土日11:00-15:00
無休　http://balaboostanyc.com

C　Ceci Cela Patisserie
セシ・セラ・パティセリー

NYで見つける、パリの小さなカフェ

パリの街角にありそうな黄色い外観がかわいらしいフレンチ・カフェ。フランス洋菓子やベーカリーが並び、細長い店内の奥には心が落ち着くカフェ・スペースが。おすすめは洋梨タルトとチョコクロワッサン。

住所：55 Spring St.
電話：212-274-9179
営：月–土7:00-22:00 日8:00-20:00　無休

C　Erica Tanov
エリカ・タノヴ

透明感ある大人のクローゼット

サンフランシスコ出身のデザイナー、Erica Tanovのニューヨーク店。着心地の良さにこだわり、シンプルかつ繊細なデザインのコレクションを展開。ジュエリー、インテリア雑貨、子供服も充実。

住所：204 Elizabeth St.　電話：212-334-8020
営：月–土11:00-19:00 日12:00-18:00　無休
http://www.ericatanov.com

C　B4 It Was Cool
ビフォー・イット・ワズ・クール

アンティーク・ランプの宝庫を覗き見

一瞬戸惑う入口をくぐったら、そこはもう工業デザインの世界。至る所にアンティーク・ランプがディスプレイされ、店舗用の棚やラックも並び、まるでアンティーク・ミュージアムのよう。見ているだけでも楽しいお店。

住所：289 E.Houston St.　電話：212-219-0139
営：毎日12:00-19:00　無休
http://www.b4itwascool.com

C　McNally Jackson Books
マックナリー・ジャクソン・ブックス

アートな書店とモダン・カフェ

ノリータのど真ん中にあるおしゃれ書店。センス良くディスプレイされたアート系書籍や文芸書はセレクトに定評があり、併設されているカフェは夜10時まで営業。ニューヨーカーに交ざってカフェタイムを。

住所：52 Prince St.　電話：212-274-1160
営：月–土10:00-22:00 日10:00-21:00　無休
http://mcnallyjackson.com

C　Housing Works Bookstore Café
ハウジング・ワークス・ブックストア・カフェ

居心地のいい古本屋さんの中のカフェ

Housing WorksというNPO団体が運営している書店とカフェ。天井が高く、カフェ・スペースからは店内の螺旋階段が見えて、開放感のある空間。気に入った本をカフェで閲覧することもできる。

住所：126 Crosby St.　電話：212-334-3324
営：月–金10:00-21:00 土日10:00-17:00　無休
http://shop.housingworks.org

移民文化と新しいストリートカルチャーが混在する街

Lower East Side

ロウアー・イースト・サイド

ウィリアムズバーグ・ブリッジのふもとDelancey St.(デランシー・ストリート)を挟んで南北に広がるロウアー・イースト・サイド＝LESは、19世紀にヨーロッパからの移民が住んだエリア。主にアイルランド、東欧系ユダヤ人が移住し、"テネメント・アパート"で暮らしていました。現在はその下町の空気が漂う街として、そしてヒップでエッジーな若者で賑わうおしゃれ地区として、新しい魅力を放っています。

{ 主な観光スポット }

テネメント・ミュージアム
エセックス・ストリート・マーケット
エルドリッジ・ストリート・シナゴーグ

P68 イースト・ヴィレッジ

Historical Jeweish Shops
老舗ユダヤ系ショップ
ユダヤ系移民が多いこの地区に、昔からある老舗3軒が並ぶ。

IL Laboratorio Del Gelato
イル・ラボラトリオ・デル・ジェラート
(ジェラート/アイスクリーム)

Katz's Delicatessen
カッツ・デリカテッセン
(サンドウィッチ)

Russ & Daughters
ロス・アンド・ドーターズ
(ユダヤ系食品/スモークサーモン)

P52 B4 It Was Cool
ビフォー・イット・ワズ・クール
(アンティーク・ランプ)

P61 Yonah Schimmel's Knishes
ヨナ・シュメルズ・クニッシュ
(ユダヤ料理:クニッシュ)

Zucco Le French Diner
ズッコ・レ・フレンチ・ダイナー
(フレンチ風ダイナー)

Thompson LES
トンプソン・エル・イー・エス
(メンズ/ウィメンズ)

American Appareal
アメリカン・アパレル

The Meatball Shop
ザ・ミートボール・ショップ
(ミートボール)

P66 Cake Shop
ケイク・ショップ
(コーヒー/ライブハウス)

P39 ノリータ

New Museum
ニュー・ミュージアム

Bia Garden
ビア・ガーデン
(ベトナム料理)

Torrisi Italian Specialties P48
トリッジ・イタリアン・スペシャリティーズ (イタリアン)

'inoteca
イノテカ
(タパス)

Erica Tanov P52
エリカ・タノヴ
(ウィメンズ/子供服)

Spitzer's Corner
スピッツァーズ・コーナー
(バー)

P50 Only Hearts
オンリー・ハーツ
(下着/ウィメンズ)

Hotel on Rivington
ホテル・オン・リヴィングトン

Eldridge Street
エルドリッジ・ストリート
移民街ならではの古い建物に中華系商店やレストラン、カフェがひしめく通り。

MOSCOT
モスコット
ジョニー・デップもお気に入りの創業1915年の老舗眼鏡店。ヴィンテージ・ライクな眼鏡が人気。

P51 Elizabeth Street Gallery
エリザベス・ストリート・ギャラリー
(ギャラリー)

Duane Reade

Balaboosta P52
バラブースタ (中東/地中海)

Starbucks
スターバックス
(コーヒー)

epistrophy P44
エピストロフィ
(コーヒー/サルディーニャ料理)

P56 Tenement Museum
テネメント・ミュージアム
(博物館)

Bluemoon Hotel P63
ブルームーン・ホテル

Congee Village
コンジー・ビレッジ
(お粥)

Bowery St

Earnest Sewn
アーネスト・ソーン
(デニム/メンズ)

88 Orchard
エイティエイト・オーチャード
(コーヒー/軽食)

Vanessa's Dumplings
ヴァネッサズ・ダンプリングス
(餃子)

An Choi
アン・チョイ
(ベトナム)

no.6 Store P30
ナンバー・シックス・ストア
(クロッグ/ウィメンズ)

P61 The Dressing Room
ザ・ドレッシング・ルーム
(ウィメンズ/バー)

Roasting Plant Coffee
ロースティング・プラント・コーヒー
(コーヒー)

P25 チャイナタウン

Bank of America

Orchard Streeta
オーチャード・ストリート
Delancey St.を境に北はアメ横のような下町、南はおしゃれストリート。古い建物を見ながら歩こう。

Kamwo P36
カンウォー (漢方)

P66 Wendy Mink Jewelry
ウェンディ・ミンク・ジュエリー
(ジュエリー)

Nyonya P28
ニョニャ (アジア料理)

P58 BabyCakes NYC
ベイビー・ケークス・エヌ・ワイ・シー
(ビーガン・カップケーキ)

P60 The Ten Bells
ザ・テン・ベルズ
(地中海タパス)

P59 TOP HAT
トップ・ハット
(インテリア雑貨)

P62 The Fat Radish
ザ・ファット・ラディッシュ
(イギリス料理)

Fashion Herb Center
フィション・ハーブ・センター
(マッサージ) P28

Eldridge Street Synagogue
エルドリッジ・ストリート・シナゴーグ

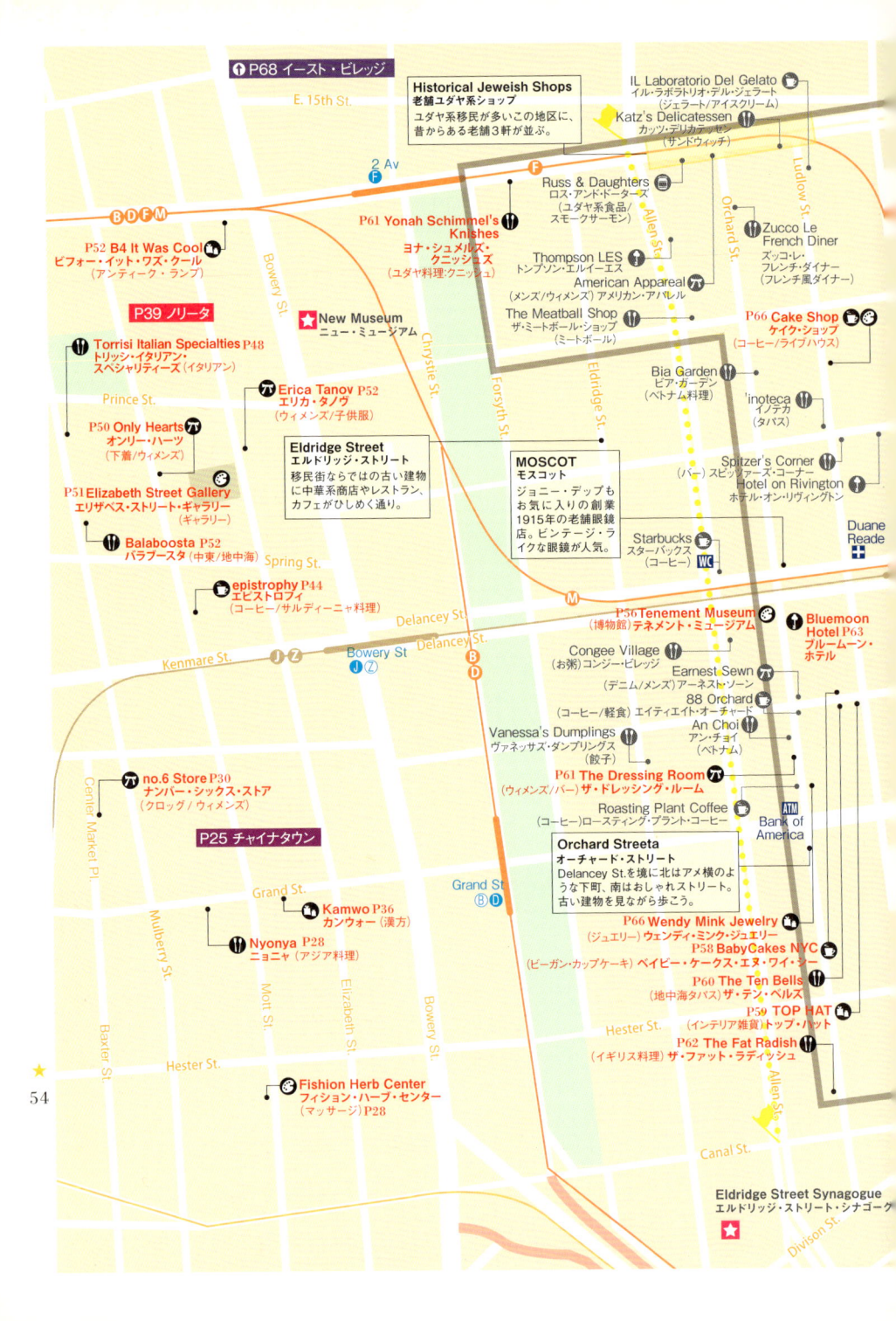

Lower East Side

エリア A

E. Houston St.

Clinton St. Baking Company
クリントン・ストリート・ベーキング・カンパニー (パンケーキ)

Frankies Spuntino 17 P66
フランキーズ・スプンティーノ・セブンティーン (イタリアン)

Cocoa Bar
ココア・バー
(チョコドリンク・バー)

Salt Bar
ソルト・バー
(レストランバー)

Stanton St.

Havana Gourmet Market

Sugar Sweet Sunshine Bakery P66
シュガー・スイート・サンシャイン・ベーカリー
(カップケーキ)

Rivington St.

Honey in the Rough P66
ハニー・イン・ザ・ラフ
(ウィメンズ・セレクトショップ)

Baohaus P63
バオハウス
(台湾風サンドウィッチ)

Maryam Nassir Zadeh P66
マリアム・ナシール・ザディ
(ウィメンズ・セレクトショップ)

Delancey St.

Williamsburg Bridge

Essex St

Chase Bank

McDonald's
マクドナルド
(ファーストフード)

Essex Street Market
エセックス・ストリート・マーケット
60年の歴史を誇る地元密着型のマーケット。チーズショップ、Saxelby Cheesemongers (サクセルビー・チーズモンガーズ) はおすすめ。

Broome St.

citibank

US Post Office

Grand St.

The Sweet Life P66
ザ・スイート・ライフ (キャンディー/お菓子)

Brown Café P66
ブラウン・カフェ (オーガニック・アメリカン)

E Broadway

Seward Park

East Broadway

1:6,000   0 — 100m

徒歩約15分

A Lower East Side

移民タウンの名残と最新ダウンタウン・トレンド

19世紀のまま残る古い建物の1階に最新トレンドが設けられているという、独特の光景。近年、続々と新しいレストランやブティック・ホテルが増えるLESは、若々しい空気に包まれたエネルギッシュなエリア。ノスタルジックな雰囲気の中、Orchard St.とDelancey St.が交差する辺りからスタートして、移民時代へタイムトリップした気分のまま迷子になるように歩いてみましょう。

移民の暮らしをそのまま体感できるアパート
Tenement Museum
テネメント・ミュージアム

今でも多くの古い建物が残るLESは、その昔ヨーロッパからの移民であふれた街でした。19世紀にわたってきた移民たちはこの地区に住み、"テネメント・アパート"と呼ばれる長屋のような共同安アパートで暮らしていたのです。そんな1850年代の移民の生活を同じアパートで再現したのがこの博物館。各フロアにはアイルランド人、ドイツ人、イタリア人、東欧ユダヤ人家族が住んだ部屋があり、彼らの苦しい生活や文化を垣間見ることができます。ギシギシいう階段に真っ暗で斜めに傾く廊下、繰り返し塗り替えた壁紙のレイヤーなどは当時のまま。ニューヨークの発展に陰で貢献してきた移民の歴史を知ることができる奥深いツアーです。ニューヨーク本が揃うギフトショップもお見逃しなく。

当時、移民たちによって使われていたものが至るところに。

108 Orchard St. (btwn. Delancey St. & Broome St.)　電話：212-982-8420
地下鉄：Delancey St Ⓕ、Essex St ⒿⓂⓏ
ツアー所要時間：約1時間
ツアー時間に変更がある場合のためにHPでの予約がおすすめ
定員：15人
料金：大人$20、学生$15
ガイドは英語のみ
ギフトショップ：毎日10:00-18:00
定休日：なし
カード： Visa, Master, Amex
http://tenement.org/

Lower East Side

A

テイラーとして働いていた移民の家には当時のミシン。

持ち物や家具に文化が映し出される東欧系ユダヤ人の部屋。

ビーガン・バニラ味、ビーガン・キャロットケーキのカップケーキ。 　　　ビーガン・ブラウニーやクッキーも。

体にやさしく、食べておいしいビーガン・カップケーキ

BabyCakes NYC
ベイビー・ケークス・エヌ・ワイ・シー

トレードマークはピンク色をしたダイナー風ウェイトレスのユニフォームとあり、レトロアメリカンの愛くるしさが漂うビーガン・スイーツ・ショップ。自身も乳製品アレルギー経験者であるオーナーのエリンさんが「どんな人でも食べられるスイーツを作りたい」と望んで立ち上げたベーカリーです。グルテンフリーかつ、牛乳の代わりに豆乳、お砂糖はサボテンの蜜、バターはカノーラオイルを代用して、原材料はすべて100%ナチュラルのものを使用。健康志向のベジタリアンやビーガンはもちろん、アレルギーを持つ子供のお母さんたちからも大人気。ひとつ＄3.75〜とちょっぴり高めですが、罪悪感なく食べられるスイーツは女子の味方では？　オリジナル・グッズも忘れずにチェックを。

ピンク一色に包まれたお店はとってもキュート。ラッキーならカップケーキを作る姿も見られるかも。

248 Broome St. (btwn. Orchard St. & Ludlow St.)
電話：212-677-5047
地下鉄：Delancey St Ⓕ、Essex St ⒿⓂⓏ
営業日：日月10:00-20:00、
火〜木10:00-22:00、金〜土10:00-23:00
定休日：なし
カード：Visa, Master, Amex
http://babycakesnyc.com/

Lower East Side

ひとつひとつに秘密が隠されているような雑貨が勢揃い。

個性とサプライズがぎゅっと詰まったびっくり箱
TOP HAT
トップ・ハット

鳥の鳴き声とまったく同じように響く笛や、世界地図が描かれたポストカードに赤い糸で刺繍をするはがきセットなど、独創的なアイデアにあふれたおもしろ雑貨ショップ。もともとは販売代理店としてのオンラインショップ"Sweet Bella"（スイート・ベラ）からスタートしたお店で、「興味を持ったものなら何時間でも眺めていられるの」と目を輝かせるオーナー、ニーナさんの手により世界中から商品が集められています。日本への留学経験があるニーナさんのセレクトの中にはマスキングテープ"mt"をはじめ、深澤直人さんと和紙メーカー大直がコラボした"SIWA"の和紙バッグも。デザイン重視の雑貨やステーショナリー好きの人におすすめの、新しいものを覗きにちょくちょく通ってしまうお店です。

雑貨を知り尽くす友人やアート好きの人へのサプライズ・ギフトにぴったり。

245 Broome St. (btwn. Orchard St. & Ludlow St.)
電話：212-677-4240
地下鉄：Delancey St Ⓕ, Essex St ⒿⓂⓏ
営業日：火〜日12:00-20:00
定休日：月
カード：Visa, Master

スペインのバル風カウンター席は大人っぽい雰囲気。

思う存分、牡蠣とシーフードタパスを味わおう。

隠れ家バーで味わう地中海風タパスとナチュラルワイン
The Ten Bells
ザ・テン・ベルズ

看板なしの外観からは隠れ家バーに見えても、扉を開けるとたくさんのニューヨーカーでざわめくおしゃれバル。ワインとおいしいつまみをこよなく愛するフランス人オーナーのフィフィさんが、ポルトガル人やプエルトリコ人のラテン男たちとタッグを組んで切り盛りしています。黒板のメニューには一皿$5〜のリーズナブルなタパスに、豊富な品揃えのナチュラルワインのリストがずらり。迷ったらフレンドリーなスタッフにおすすめを聞いてみましょう。また、ここの魅力はなんといってもハッピーアワーにひとつ$1で楽しめる日替わり生牡蠣。スパークリングワインと一緒に新鮮な牡蠣を満喫するのはまさに至福の時間。ヨーロッパを旅してインスピレーションを得たというタパスもすべて絶品です。

薄暗い店内が逆に目立つ、看板なしの外観がこちら。オープン時は人もまばらで狙い目。

247 Broome St. (btwn. Orchard St. & Ludlow St.)　電話：212-228-4450
地下鉄：Delancey St Ⓕ、Essex St ⒿⓂⓏ
営業日：火-土11:00-19:00、
月-金17:00-26:00、土日15:00-26:00
ハッピーアワーは毎日 17:00-19:00
定休日：なし
カード：現金のみ
http://thetenbells.typepad.com/

Lower East Side

ブティックとバーが一緒になったアパレル・ショップ
The Dressing Room
ザ・ドレッシング・ルーム

ブティックとバーが同じ空間にあるという斬新なコンセプトのアパレル・ショップ。「カップルで来ても彼がバーで待っていられるでしょ」と話すスタッフにも納得ですが、こちらではプロジェクターで映画を流したり、ライブDJパーティを開催したりとイベントも盛りだくさん。アパレルはデザイナーズブランドに加えて少量のメンズも揃い、豊富に取り揃えている地下の古着コーナーも必見。彼と一緒にひと味違ったショッピングを。

上：洋服ラックの後ろにはリキュールが並ぶバー。
下：ビビッドな色使いの古着もチェックを。

75A Orchard St. (btwn. Broome St. & Grand St.)
電話：212-966-7330　カード：Visa, Master, Amex
地下鉄：Delancey St Ⓕ, Grand St ⒷⒹ
営業日：日火水13:00-24:00、木−土13:00-26:00　定休日：月
http://thedressingroomnyc.com/

100年の歴史を誇るクニッシュの老舗
Yonah Schimmel's Knishes
ヨナ・シュメルズ・クニッシュズ

古くから続くユダヤ系デリカテッセンが多いLESの中でも、1910年創業のクニッシュ専門店。Knishとは東ヨーロッパ系ユダヤ人の食べ物で、マッシュ・ポテトにタマネギや牛肉、ほうれん草、蕎麦の実などを加えて薄いパイ生地に包んで焼いたもの。シンプルだけれど、素朴でどこか懐かしい味。ニューヨーク発祥の炭酸入りチョコミルク"エッグ・クリーム"にも挑戦してみよう。

レトロなカウンターや外観にはユダヤ文化の重みや歴史が詰まっている。右上がモッツァレーラ・クニッシュ($5)。

137 E.Houston St. (btwn. Forsyth St. & Eldridge St.)
電話：212-477-2858
地下鉄：2nd Av Ⓕ
営業日：日−木9:00-19:00、金土9:00-22:00
定休日：なし　カード：Visa, Master, Amex
http://knishery.com/

木を基調にした気持ちのいいナチュラルな空間。 自然の持つおいしさを十分に堪能して。

農家直送のオーガニック食材で味わうイギリス料理
The Fat Radish
ザ・ファット・ラディッシュ

イベント&ケータリング会社Silkstone(シルクストーン)を設立したシェフ、ベンさんとプランナー、フィルさんのハンサムなブリッツコンビが、2010年に待望のレストランをオープン。天窓から自然光が柔らかく差し込むオーガニック空間に木のテーブル、その上にはキャンドルライトと、まるでガーデンパーティに招待された気分。人気の秘密は、そのセンスの良さと地元産にこだわった産地直送食材の組み合わせ。素材本来の味わいをシンプルかつ独特の風味で繊細に仕上げた、ヘルシーなイギリス料理です。マーケット・ベジタブル、鴨のテリーヌ、グリーンカレー風味のあんこうが人気メニュー。朝食&ランチをサーブする入口のカフェでは雑貨も販売。LESきっての人気店、おしゃれして出かけましょう。

週末になると、子連れでブランチをする家族も見かけ、賑やか。

17 Orchard St. (btwn. Canal St. & Hester St.) New York, NY 10002
電話：212-300-4053
地下鉄：East Broadway Ⓕ、Grand St Ⓑ Ⓓ、Essex St Ⓙ Ⓜ Ⓩ
営業日：月〜金12:00-15:30/17:30-24:00、土11:00-15:30/17:30-24:00、日11:00-15:30/17:30-22:00　定休日：なし
予算：前菜$8〜、メイン$16〜
カード：Visa, Master, Amex
http://www.fatradishnyc.com/

Lower East Side

"おふくろの味"を再現した台湾の屋台風サンドウィッチ

Baohaus
バオハウス

台湾系アメリカ人のエドワードさんが、ニューヨーカーに"おふくろの味"を伝えたくてオープンしたバオサンドウィッチ屋さん。"GuaBao"(=刮包)とは台湾の屋台料理のひとつで、小麦粉で作られたまんじゅう生地に豚の角煮や高菜の漬け物、香菜などを挟んだサンドウィッチのこと。小腹が減ったときに屋台気分でぱくっと頬張りたい一品。台湾産アップルサイダーと併せてどうぞ。

137 Rivington St. (btwn. Norfolk St. & Suffolk St.)
電話：646-684-3835
地下鉄：Delancey St Ⓕ、Essex St ⒿⓂⓏ
営業日：日〜木11:30-23:00、金土11:30-26:00　定休日：なし
カード：Visa, Master, Amex
http://www.baohausnyc.com/

上：左が豚の角煮(Chairman Bao)、右手前はベジタリアン揚げ豆腐(Uncle Jesse)。すべてオーガニックの肉を使い、化学調味料も一切なしの上質な味。

歴史を感じさせるモダン・クラシック・ホテル

Bluemoon Hotel
ブルームーン・ホテル

テネメント・アパートを改装したモダン・クラシック・ホテル。おしゃれなカフェやレストランが立ち並ぶLESの中心地 Orchard St. に位置し、地下鉄の駅も2ブロック先と好立地。コンチネンタル朝食付き、24時間レセプション、無料WiFiあり。部屋は1920年代をイメージしたインテリアで、誰かのアパートの一室のよう。歴史的なホテルで想い出深い滞在はいかが？ チェックイン時のワインサービスもお楽しみに。

100 Orchard St. (btwn. Delancey St. & Broome St.)
電話：212-533-9080
地下鉄：Delancey St Ⓕ、Essex St ⒿⓂⓏ
料金：$199〜　カード：Visa, Master, Amex
http://bluemoon-nyc.com/

上：居心地のよい客室。左：1階ロビーには当時のタイプライターリボン缶や広告、ビール缶など19世紀当時の備品があちこちに。

Column
ニューヨークの人々

ニューヨークには、色、形、テイストが異なる人々が隣り合って暮らしています。イタリア人、ユダヤ人、中国人。背の高い人、声がうるさい人、ターバンを巻いている人。そして、夢を持ってやってきた若者、新たなチャンスを求める移民、またここで生まれ育った生粋ニューヨーカーたち。街を歩けば外国語もそこら中から聞こえてくるほど、街角には無数のニューヨーク・ストーリーが潜んでいます。

美しい女性を見かけては、すれ違いざまに「キレイだねぇ」と声をかける人懐っこいおじさんや、ゴミ収集車の後ろにつかまっている作業員のお兄さんは、目が合うと"Hey!"と豪快な挨拶。地下鉄で向かいに座った南米系の男の子に、突然のウィンクをもらうことだってあります。ニューヨークは、ブロードウェイ・ミュージカルと同じように街中が大舞台であり、思いがけないところで人からエネルギーをもらう街なのです。

もちろん、みんなの個性や価値観が混在するからこそ、カオスが生じることも日常茶飯事。型破りなこと、予想外なこと、日本では考えられないことも、ここでは当然のように毎日繰り広げられています。そのアンバランスさこそが、ニューヨークの魅力なのかもしれません。

人と人が違うことが当たり前のように存在し、外国人だからといって特別扱いされることのないニューヨークにいると、自分が日本人、外国人という意識をすることなくいられる気がします。それはきっと、歩きながら街ゆく人々を眺めることで、ニューヨークの顔がどれほどユニークかを感じとることができるからなのでしょう。

こんなにも違う人だらけなのに、たったひとつだけ"ニューヨーカー"という枠の中で通じ合う人々の距離。ここにいれば、誰もがニューヨーカーになることができ、ニューヨーカーとして生きています。

そんなニューヨークを歩いて、一期一会の触れ合いや予期せぬサプライズに出逢っていただきたいです。

65

\ まだある！ /
Lower East Side のおすすめ

A 🍴 Brown Café
ブラウン・カフェ

オーガニック食材のカフェ・レストラン

チャイナタウンに近いHester St.にあるこぢんまりとしたおしゃれカフェ。木のぬくもりを感じる落ち着いた雰囲気を演出し、地元産のオーガニック食材をふんだんに使った創作料理も好評。

住所：61 Hester St.
電話：212-477-2427
営：毎日9:00-18:00　無休

A 🍴 Frankies Spuntino 17
フランキーズ・スプンティーノ・セブンティーン

素材を活かしたイタリアン・アメリカン

ふたりのフランクさんがファミリー・レシピを原型に作り出す料理。新鮮な食材、シンプルな調理法、そしてリーズナブルな価格が人気の秘密。デザートのRed Wine Prunes with Mascarponeは絶品。

住所：17 Clinton St.　電話：212-253-2303
営：月〜木 17:00-24:00 金11:00-25:00 土9:00-25:00
日9:00-24:00　無休　http://frankiesspuntino.com

A ☕ Sugar Sweet Sunshine Bakery
シュガー・スイート・サンシャイン・ベーカリー

あなたはどのカップケーキがお好み？

カップケーキにはうるさいニューヨーカーの絶大な支持を得るカップケーキ店。有名なマグノリア・ベーカリーに勤めたふたりのお店とあり、リピーター続出中。カジュアルな雰囲気も心地良い。

住所：126 Rivington St.　電話：212-995-1960
営：月〜木8:00-22:00 金8:00-23:00 土10:00-23:00
日 10:00-19:00　http://www.sugarsweetsunshine.com

A ☕🎨 Cake Shop
ケイク・ショップ

LESの地元っ子が集まるロックなカフェ

1階はカフェ＆バーにレコード店、地下はライブハウスというユニークなお店。見逃せないゲストの出演日は地元ニューヨーカーで大賑わい。ダウンタウン・ミュージック・シーンを覗きたいならここへ。

住所：152 Ludlow St.　電話：212-253-0036
営：日〜木9:00-26:00 金土9:00-28:00　無休
http://cake-shop.com

A 🎁 The Sweet Life
ザ・スイート・ライフ

キュートなアメリカン・キャンディーの世界

キャンディ、チョコレート、ナッツ、ドライフルーツにマシュマロ、リコリッシュ、グミ……。まさにスイーツ天国。色とりどりのお菓子やパッケージ・デザインがかわいいので、アメリカっぽいお土産として最適。

住所：63 Hester St.　電話：212-598-0092
営：月〜金10:00-18:30 土日11:00-18:00　無休
http://sweetlifeny.com

A 👗 Honey in the Rough
ハニー・イン・ザ・ラフ

カラフルな個性派ドレスがお出迎え

United Bamboo, Tsumori Chisato, Nomiaなどから主にドレスを取り扱うセレクトショップ。LESらしい"ヒップ・ロック・エッジー"というキーワードを兼ね備えた、LESガールズのお気に入りスポット。

住所：161 Rivington St.　電話：212-228-6415
営：月〜土12:00-20:00 日12:00-19:00　無休
http://www.honeyintherough.com

A 👗 Maryam Nassir Zadeh
マリアム・ナシール・ザティ

センスを極めた人ならではの美空間

スタイリストのマリアム・ナシール・ゼダスがオーナーのセレクト・ショップ。洗練された彼女の美意識が洋服、小物、内装のすべてに表現されている。特別なときのための、とっておきアイテムを選びたいお店。

住所：123 Norfolk St.　電話：212-673-6405
営：毎日12:00-20:00　無休
http://www.mnzstore.com

A 💍 Wendy Mink Jewelry
ウェンディ・ミンク・ジュエリー

天然石をあしらったジュエリー

日本でも知られるジュエリー・デザイナー、Wendy Minkのショップ。ゴールド＋天然石使いが特徴で、エスニック・テイストが魅力のハンドメイド・ジュエリー。お値段が比較的リーズナブルなのもうれしい要素。

住所：72 Orchard St.　電話：212-260-5298
営：火 13:00-19:00 水〜土12:00-19:00 日12:00-18:00
休：月　http://www.wendyminkjewelry.com

グランジーな時代から新しい顔へ

East Village
イースト・ビレッジ

イースト・ビレッジと言えば、60〜80年代にロックの魂が最も輝いた場所。時代の流れとともに現在はおしゃれなお店が立ち並び、アベニュー名がA、B、C、Dとなるアルファベット・シティ周辺の治安も改善されています。またここは白人、黒人、アジア人、ラテン系が交ざる多文化なエリア。街角はパンク・スタイルの人やNYU学生たちであふれ、眠らない街として今宵も賑わっています。

{ 主な観光スポット }

セント・マークス・プレイス

オーフェウム劇場

ウクライナ博物館

トンプキンス・スクウェア・パーク

P98 グラマシー

E. 16th St.
E. 15th St.
14 St-Union Sq
Union Sq / 3 Av / 1 Av
E. 14th St.
Whole Foods
14 St-Union Sq
Trader Joe's
Kiehl's キールズ (コスメ)
E. 13th St.
Chase Bank
Strand Bookstore P110 ストランド・ブックストア (書店)
E. 12th St.
E. 11th St.
Veniero's Pasticceria & Caffe ベニエロズ・パスティチェリア・アンド・カフェ (ニューヨーク・チーズケーキ)
E. 10th St.
Ippudo 一風堂 (らーめん)
St.Marks Book Store セント・マークス・ブック・ストア (アートブック書店)
Urban Outfitters アーバン・アウトフィッターズ (メンズ/ウィメンズ)
The Mudspot ザ・マッドスポット (コーヒー)
Chase Bank
VESELKA ヴェセルカ (ウクライナ/ポーランド料理/24時間営業)
Local Clothing ローカル・クロージング (アンティーク)
P83 ウェスト・ビレッジ
E. 9th St.
Yakitori Taisho (和食) やきとり大将
Village Farm Grocery
Yaffa Café ヤファ・カフェ (アメリカン)
Surma The Ukrainian Shop スルマ・ザ・ウクライニアン・ショップ P76 (ウクライナ雑貨)
Sunrise Mart サンライズ・マート (日系スーパー)
Elliot Mann P80 エリオット・マン (ウィメンズ)
8 St-NYU
Starbucks (コーヒー) スターバックス
Chase Bank
Pinkberry ピンクベリー (フローズン・ヨーグルト)
Caracas Arepa Bar カラカス・アレパ・バー P73 (ベネズエラ料理)
Astor Pl
Walgreens
Astor Pl Chase Bank
P80 Abraço アブラッソ (コーヒー)
Cooper Union クーパー・ユニオン美術工科大学 エジソンも学んだ有名大学。茶色のビルが創立1858年からある建物、道路向かいのシルバーの建物が新校舎。
McSorley's Old Ale House マックソーリーズ・オールド・エール・ハウス (バー) P80
St. Marks Place セント・マークス・プレイス お土産屋、日本の居酒屋、タトゥーショップなどユニークなお店が並び、夜も夜な賑わう大通り。
E. 6th St.
E. 5th St.
NYU ニューヨーク大学
St.George's Ukrainian Catholic Church セント・ジョージズ・ウクライニアン・カトリック・チャーチ (教会)
Ukrainian Museum ウクライナ博物館
Rite Aid
E. 4th St.
NYU ニューヨーク大学
Orpheum Theatre オーフェウム劇場 Orpheum Theatre オーフェウム・シアター
E. 3rd St.
P77 Podunk ポドンク (スコーン&アフタヌーンティー)
P80 Zabb Elee (タイ) ザップ・エリー
エリア B
Great Jones St.
John Derian P73 ジョン・デリアン (インテリア雑貨/食器/文房具)
P80 The Future Perfect (インテリア) ザ・フューチャー・パーフェクト
Bond St.
Bleecker St.
E. 1st St.
Prune プルーン (アメリカン/朝食)
Bleecker St
2 Av
B'way-Lafayette St
P52 B4 It Was Cool ビフォー・イット・ワズ・クール (アンティーク・ランプ)
Whole Foods
P39 ノリータ

East Village

P134 ウィリアムズバーグ

Cloak & Dagger P72
クローク・アンド・ダガー
(ウィメンズ/アンティーク服)

Pink Olive P72
ピンク・オリーブ
(インテリア雑貨/ギフト)

The Upper Rust
ザ・アッパー・ラスト
(アンティーク)

【ちょっと寄り道】P79
9th Street Community Garden Park
ナインス・ストリート・コミュニティ・ガーデン・パーク

Thompkins Sq. Park
トンプキンス・スクウェア・パーク
週末には様々なイベントが行われ、公園内からエンパイアの景色もきれいに見える。

エリア A

Cafe Mogador P70
カフェ・モガドー (モロッコ料理)

Paprika P80
パプリカ (イタリアン)

Alphabets
アルファベッツ (雑貨)

PORCHETTA P80
ポルケッタ (サンドウィッチ)

The Bourgeois Pig P80
ザ・ブルジョア・ピッグ (バーラウンジ)

【ちょっと寄り道】P78
The Creative Little Garden
ザ・クリエイティブ・リトル・ガーデン

Skey Food

ATM citibank

MAX
マックス (イタリアン)

1:8,000　0　100m

徒歩約15分

69

A East Village

ロックなビレッジの中の
おしゃれストリート

かつてはパンク・ロックの聖地だったともいえる2ndと3rdアベニューの間のセント・マークス・プレイスを通り過ぎたら、まっすぐトンプキンス・スクウェア公園の方向へ。ここまで来ると大人しくなり、すれ違うのは散歩中の地元ビレジャーとワンちゃんたち。通りにはアンティークショップや古着屋、チャーミングなカフェやレストランが連なり、あっという間に時間が過ぎていきます。

魅惑のロマンティック・モロッコへ小旅行
Cafe Mogador 🍴
カフェ・モガドー

朝日が差し込むカウンターでモロッコ風オムレツの朝食、昼下がりにはモロッカン・ミントティーでゆったり時間。夜はキャンドル・ライトでロマンティックなタジン・ディナーと、朝から晩まで色とりどりのシーンを映し出すエキゾチックなモロッコ・レストランがこちら。タジンをはじめ、ファラフェル、ババガヌッシュ、ケバブ、ハムス、クスクス……モロッコを中心にイスラエルや中東の食べ物なら何でも揃う、創業30年のレストランです。どれを食べてもおいしく、日本ではあまりお目にかからないラム肉もびっくりするほどの軟らかさ。ハムスやタブーリサラダなど4種類のディップをつけるミックス・プラッターはシェアにおすすめ。ニューヨークにいながら、たっぷりとモロッコ気分を味わえます。

たっぷりのミントとお砂糖を使ったモロッカン・ミントティーは本格的な味。

101 St.Marks Place (btwn. 1st Ave. & Ave.A)
電話：212-677-2226
地下鉄：1 Ave ⓛ, 2 Ave Ⓕ, Astor Pl ⑥
営業日：日―木9:00-25:00、
金土9:00-26:00
定休日：なし
予約：月―木のみ可
カード：Visa, Master, Amex
http://cafemogador.com/

East Village

モロッコの"ハルミ・チーズ"入りブランチメニューにチキンタジンをプラス。

通りの人を眺めながら会話も弾む、外のテラス席。

タイムレスなファッションで自分らしさを表現して

Cloak & Dagger
クローク・アンド・ダガー

ハード×ソフト、ビンテージ×モダンなどのスタイルミックスを自由に行き来するニューヨーカー御用達のワードローブ。オーナー&デザイナーのブルックリンさんが"時代やトレンドだけに惑わされないおしゃれ"を発信。ビンテージにオリジナルライン、そしてLauren Moffattや Karen Walkerなどを取り揃え、ビンテージテイストにフェミニンをプラスしたタイムレスな洋服でいっぱい。陽気なブルックリンさんとはおしゃべりも弾みます。

441 E.9th St. (btwn. 1st Ave. & Ave.A)　電話：212-673-0500
地下鉄：1 Ave Ⓛ, 2 Ave Ⓕ, Astor Pl ⑥
営業日：月〜土12:00-20:00、日12:00-19:00　定休日：なし
カード：Visa, Master, Amex
http://cloakanddaggernyc.com/

上：オーナー兼デザイナーのブルックリンさんはいつもフレンドリー&キュート。下：ディスプレイも季節ごとに変わり、いつ覗いても新鮮。

茶目っ気たっぷりの温かいギフトショップ

Pink Olive
ピンク・オリーブ

バーニーズ・ニューヨークのバイヤーを務めていたグレースさんの遊び心たっぷりの小物がひしめきあう雑貨店。"しゃれが利いていて、茶目っ気があるもの"をテーマにベビーグッズ、ステーショナリー、そのほかブルックリンを中心とするローカル・デザイナーの個性あふれる小物をセレクト。ここでしか見つからない唯一無二の出逢いがあるはず。

439E.9th St. (btwn. 1st Ave. & Ave.A)
電話：212-780-0036
地下鉄：1 Ave Ⓛ, 2 Ave Ⓕ, Astor Pl ⑥
営業日：月〜金12:00-20:00、土12:00-19:00、日10:00-18:00
定休日：なし　カード：Visa, Master, Amex
http://www.pinkolive.com/

結婚や出産のお祝い、またはめずらしいもの好きの人へのギフトに最適。ディスプレイには目を引くものばかり。

East Village

ポークサンドは見た目よりも食べごたえあり。

煉瓦むきだしの壁がNYらしく、内装もラテンそのもの。

ベネズエラのサンドウィッチでラテン気分
Caracas Arepa Bar
カラカス・アレパ・バー

カラフルな壁のペイントやマリア様の置物、花柄テーブルクロスなど、陽気なラテンの世界を演出するベネズエラ料理店。外はカリカリ、中はしっとりとした"アレパ"は、とうもろこしから作られた白い薄焼きパン。ベネズエラの代表料理として知られ、お肉や野菜を挟んで食べるサンドウィッチです。人気のアレパは、ローストポークにトマトとスパイシーマンゴーソースを合わせたLa de Pernil(ラ・デ・ペルニル)、またはビーフとブラックビーンに白チーズがかかっているDe Pabellon(デ・パベロン)。揚げたプランテンとタロイモのチップスを"グアサカカ"と呼ばれるベネズエラ風グアカモレにつけて食べる"Guasacaca& Chips"(グアサカカ・アンド・チップス)は前菜にどうぞ。見た目よりも食べ応えのあるサンドウィッチ、ラテン気分でめしあがれ。

上：ポップなマリア様のフィギュアや、キリストの肖像画。
左：グアカモレとして食べるグアサカカ

93 ½ E.7th St. (btwn. 1st Ave. & Ave.A)
電話：212-677-5047
地下鉄：1 Ave Ⓛ, 2 Ave Ⓕ, Astor Pl ⑥
営業日：毎日12:00-23:00
定休日：なし
カード：Visa, Master, Amex
http://caracasarepabar.com/

B East Village

エスニックタウンに潜む隠れた見どころ

9th St.は和食が恋しくなったときに頼もしいリトル・トウキョウ、6th St.はネオンがぎらぎらと輝くリトル・インディア、そして小さいけれどぽつりぽつりと散在するウクライナ・コミュニティー。エスニックな空気が漂う中をくまなく歩いてみると、もの静かな通りでチャーミングなお店にも出くわします。トーマス・エジソンが卒業したユニークな巨大建築物、クーパー・ユニオン大学も見ものです。

エキセントリックな世界観を持つホーム・デコ
John Derian
ジョン・デリアン

日本でも有名な"デコ・パージュ"クリエイター、ジョン・デリアンさんのホームデコ・ショップ。お店に入るとアスティエ・ド・ヴィラットの陶器がずらりと並び、フレンチ・アンティーク調のディスプレイとともにパリの時間が流れる空間が広がります。動物や花、フルーツなどのプリント画を使ってガラスに接着するデコ・パージュは、プレート、ペーパーウェイト、トレーなど種類も様々。アンティークコレクターでもあるジョンさんが、フランスを中心に世界中から集めたアンティーク雑貨に小物、古い本や雑誌からインスパイアされて作られたポストカードなど、目利きの彼ならではのアイテムばかり。隣りには家具・寝具類・アパレル専門の姉妹店があるので一緒に覗いてみて。

調理台だったというレジカウンターにはランプのディスプレイ。凝ったディテールが随所に。

6 E.2nd St. (btwn. 2nd Ave. & Bowery St.)
電話：212-677-3917
地下鉄：Bleecker St ⑥, 2 Av Ⓕ
営業日：火–日12:00-19:00
定休日：月
カード：Visa, Master, Amex
http://johnderian.com/

East Village   B

18世紀頃のフランスではじまったデコパージュ・アート。

キッチン用品、食器、ステーショナリーも揃います。

各地方にオリジナルの刺繍パターンがあるのだとか。

つい集めたくなってしまう食器の数々。

ウクライナの文化を感じる温かい手芸品
Surma The Ukrainian Shop
スルマ・ザ・ウクラニアン・ショップ

イースト・ビレッジにはリトル・トウキョウ、リトル・インディアのほかにもうひとつ、リトル・ウクライナと呼ばれる小さなエリアがあります。こちらは現オーナー、マルカンさんのお祖父さんが1918年に創業したウクライナ雑貨専門店。伝統的な民族衣装やマトリョーシカ、刺繍が施されたテーブルクロスやブラウスなど、昔ながらのウクライナを感じることができます。中でも目を引くのはウクライナの伝統的イースターエッグ"ピサンキ"。ろうけつ染めで作られる独特な模様やカラーは、まさに精緻を極めた職人技。地方により模様や色が違い、エッグのほかにも同じ模様のベルトや小物も盛りだくさん。レトロなポストカードもチェックを。東欧デザインが好きな人には外せないスポットです。

女の子が男の子にあげることもある"ピサンキ"はひとつひとつに願いが込められているお守りのよう。

11 E.7th St. (btwn. 2nd Ave. & 3rd Ave.)
電話：212-477-0729
地下鉄：Astor Pl ⑥、8 St-NYU ⓃⓇ
営業日：月–金 11:00-18:00、
土 11:00-16:00　定休日：日
カード：Visa, Master, Amex
http://www.surmastore.com/

East Village

スコーンとストロベリーが添えられたクリーム・ティー・セット。

エルスペスおばさんの手作りスコーンでカフェタイム

Podunk
ポドンク

Podunkとは、アメリカ英語で"架空の小さな村"という意味。イースト・ビレッジの静かな通りの、小さくこぢんまりとしたこのカフェは、おとぎ話に出てくるような秘密のカフェ。「私はただ作るだけなのよ」と控え目なオーナー、エルスペスさんも鼻眼鏡がチャーミングで、まさに絵本に出てきそうな佇まいです。スコーン、オリジナル・サンドウィッチ、クッキーはすべて彼女の手作り。もちろん紅茶もティーバッグではなくリーフです。セルフサービスなので、注文したメニューが呼ばれたらカウンターまで取りに行きましょう。ほっぺたが落ちてしまいそうなスコーンはクリームとジャムをたっぷりつけて。エルスペスおばさんのぬくもりを感じるアフタヌーンティーが待っています。

友だちの家のリビングルームのような落ち着く空間。おしゃべりとともに、ゆっくりティータイムを。

231 E.5th St. (btwn. 2nd Ave. & 3rd Ave.)
電話:212-677-7722
地下鉄:Astor Pl ⑥, 8 St-NYU ⓃⓇ, Bleecker St ⑥
営業日:毎日11:00-21:00
定休日:なし

ちょっと寄り道

イースト・ビレッジのコミュニティ・ガーデン
Community Gardens in East Village

The Creative Little Garden
ザ・クリエイティブ・リトル・ガーデン

ぎっしりと隣り合わせに並ぶアパートの隙間に、秘められているかのように潜む小さなガーデン。周辺住人の寄付によって保護されているお庭はひっそりと静かで、小鳥たちの鳴き声が演奏のように響き渡ります。ベンチで読書する人、仲良くくつろぐカップル……。旅路にほっとひと息、つかの間のオアシス時間を。

530 E.6th St. (btwn. Ave.A & Ave.B)
New York, NY 10009
毎日11:00-18:00　冬期・雨天の場合閉園あり、4〜10月は開園時間延長あり
http://www.creativelittlegarden.org

9th Street Community Garden Park
ナインス・ストリート・コミュニティ・ガーデン・パーク

アベニューCまで足を延ばすと9th St.の角で目に入るのが、大きな柳の木。広々としたこちらのガーデンには、たくさんのお花や植物、さらに不思議なオブジェがいっぱい。地域の人たちによる野菜栽培も行われ、奥には小さな池や木陰のヤード。遊び心がある花園に、色とりどりの時間が宿っています。

700 E.9th St. at Ave.C
New York, NY 10009
金17:00-20:00、土日12:00-18:00

79

\まだある！/
East Village のおすすめ

A PORCHETTA
ポルケッタ

イタリアのストリートフードをNYで！

100％オーガニックの豚肩肉を使用した、こだわりのイタリア風ローストポークのサンドウィッチ。ジューシーなお肉とクリスピーな皮がチャバッタ・パンに挟まれ、ボリュームたっぷり。人気店でいつも満員。

住所：110 E.7th St. 電話：212-777-2151
営：日−木11:30-22:00 金土11:30-23:00 無休
http://www.porchettanyc.com

A The Bourgeois Pig
ザ・ブルジョア・ピッグ

中世フランスを感じさせるフレンチ・バー

おしゃれ＆カジュアルに一杯飲みたいときに便利なバー。アンティーク・インテリアに薄暗い照明でムーディな雰囲気。チーズ・フォンデュがおすすめ。月火土日17～19時のハッピーアワーもお見逃しなく。

住所：111 E.7th St. 電話：212-475-2246
営：月−金18:00-26:00 土日17:00-26:00
http://bourgeoispigny.com

A Paprika
パプリカ

ワイン片手に語り合いたいイタリアン

アメリカ料理で有名なマカロニ＆チーズのロブスター風味が人気のおしゃれなお店。17～19時は前菜＋メインディッシュのセットが$18。

住所：110 St.Marks Place 電話：212-677-6563
営：月−木17:00-23:00 金土17:00-23:30
日17:00-22:30 土日 11:00-16:00（ブランチ） 無休
http://paprikarestaurant.com

A Abraço
アブラッソ

オーナーのこだわりコーヒーを味わおう

ヨーロッパの街角の小さなエスプレッソ・バーのような佇まいでファンを魅了するカフェ。店内はとても狭く、外に木の長椅子がひとつだけあるほど。うまいコーヒーを理解している人たちが集うコーヒーの聖地。

住所：86 E.7th St. 電話：212-388-9731
営：火−土8:00-16:00 日9:00-16:00 休：月
http://abraconyc.com

A Elliot Mann
エリオット・マン

洗練された北欧×ボヘミアン・チック

デンマーク出身のオーナー・デザイナー、ルイーズさんが手がけるブランド。北欧の柔らかいテイストとニューヨークの都会的なボヘミアンスタイルが魅力。ビンテージ生地を使ったエスニック・バッグは話題に。

住所：324 E.9th St. 電話：212-260-0658
営：毎日12:00-20:00 無休
http://www.elliotmann.com

B Zabb Elee
ザップ・エリー

タイの東北部イーサン料理が新登場

カレーよりもスパイシーなサラダや餅米が多い、タイ・イーサン地方の郷土料理。野菜中心のメニューが多く、ビールとの相性が抜群。クイーンズのタイ・レストランSripraphaiと1位を争うほどの人気。

住所：75 2nd Ave. 電話：212-505-9533
営：日−木11:30-23:00 金土11:30-24:00 無休
http://zabbelee.com

B McSorley's Old Ale House
マックソーリーズ・オールド・エール・ハウス

1854年創業！老舗アイリッシュ・パブ

19世紀を舞台にした映画のセットのような雰囲気は、ここならではの味わい。数々の著名人も訪れた歴史的なバーで、ビールはダークとライトの2種類のみという徹底ぶり。NYに残る貴重なパブ。

住所：15 E.7th St. 電話：212-474-9148
営：月−土11:00-25:00 日13:00-25:00 無休
http://www.mcsorleysnewyork.com

B The Future Perfect
ザ・フューチャー・パーフェクト

モダンなNYテイストの雑貨＆家具

2003年ウィリアムズバーグにオープンした、デザイン性の高い雑貨・家具とアートが揃うインテリアショップのマンハッタン店。NYテイストの雑貨はアート好きの人へのギフトにもぴったり。

住所：55 Great Jones St. 電話：212-473-2500
営：月−土12:00-19:00 日12:00-18:00 無休
http://shop.thefutureperfect.com

芸術とロマンスの街に魅せられて

West Village

ウェスト・ビレッジ

ジャズクラブにカフェ、本屋さんに小劇場。19世紀の頃にはボヘミアンと呼ばれる無名アーティストたちがここを拠点にし、数多くの芸術家や思想家たちが住んでいました。ブラウンストーンの建物と街路樹の調和が美しく、カメラを片手にのんびりと散歩するのにぴったりなエリアです。碁盤の目が崩れ、迷路のような街並みもここの特徴です。

{ 主な観光スポット }

ワシントン・スクウェア・パーク
ニューヨーク大学（NYU）
ゲイ解放運動記念碑
ビレッジ・ヴァンガード
ブルー・ノート

Meatpacking District
ミートパッキング・ディストリクト
精肉工場や倉庫跡地が、セレブなおしゃれエリアとして生まれ変わったエリア。

The High Line
ザ・ハイライン
鉄道の線路跡地が公園として再開発された、ニューヨーカーの新しい緑道。

The Standard
ザ・スタンダード

8 Av
14 St
Ⓐ Ⓒ Ⓔ
Ⓛ

P91 Soapology
（石けん）ソーポロジー

P96 'sNice
スナイス
（コーヒー/朝食）

Ⓓ Jane Street Grocery

Casa Magazines
（雑誌専門店）カサ・マガジンズ

Marc by Marc Jacobs Women's Accessories
（小物/バッグ）マーク・バイ・マーク・ジェイコブス・ウィメンズ・アクセサリーズ

エリア B

P96 Café Minerva
カフェ・ミネルヴァ
（コーヒー/イタリアン）

P96 TOCCA
（ウィメンズ）トッカ

Little Marc
リトル・マーク
（子供服）

P93 The Jane Hotel
ザ・ジェーン・ホテル

Magnolia Bakery
（カップケーキ）マグノリア・ベーカリー

Marc by Marc Jacobs Women's
（ウィメンズ）マーク・バイ・マーク・ジェイコブス

BookMarc
（書店）ブック・マーク

HSBC ATM

The Spotted Pig
ザ・スポッテッド・ピッグ
（ハンバーガー）

Marc Jacobs
マーク・ジェイコブス
（ウィメンズ）

Marc by Marc Jacobs Men's
マーク・バイ・マーク・ジェイコブス・メンズ
（メンズ）

Cynthia Rowley
シンシア・ローリー
（ウィメンズ）

Bleecker Street
ブリーカー・ストリート
ウェスト・ビレッジで一番賑わいを見せるストリート。

1:8,000
0 100m

徒歩約15分

West Village

P99 グラマシー

W.16th St.
W. 15th St.

Perry Street
ペリー・ストリート
SATCのキャリーのアパートがある通り。ブラウンストーンの建物が立ち並ぶ。

14 St
F
6 Av
L

W. 14th St.
14 St-Union Sq
N Q R
Union Sq
L

14 St
1 2 3

Quad Cinema
クワッド・シネマ（映画館）
W. 13th St.

Taim P92
タイム
（ファラフェル/スムージー）

French Roast P132
フレンチ・ロースト（フレンチ/24時間営業）
W. 12th St.

【ちょっと寄り道】P95
Doma Café
ドマ・カフェ

P96 **Café Asean**
カフェ・アセアン
（アジア料理）

【ちょっと寄り道】P95
Three Lives & Company
スリー・ライブズ & カンパニー
W. 11th St.

★ **Village Vanguard**
ビレッジ・ヴァンガード（ジャズバー）

【ちょっと寄り道】P94
Bonnie Slotnick Cookbooks
ボニー・スロトニック・クックブックス

エリア A

Jefferson Market Garden
ジェファーソン・マーケット・ガーデン
ウェスト・ビレッジのオアシスとも言える、花と緑が豊かなガーデン。
W. 10th St.

P92
Geminola
ジェミノラ（リメイク服）

Citarella
S

Jonathan Adler
ジョナサン・アドラー
（インテリア雑貨）

Extra Virgin
エキストラ・ヴァージン
（イタリアン）

C.O.Bigelow
シー・オー・ビゲロウ（コスメ）
W. 9th St.

Gray's Papaya
グレイズ・パパイヤ（ホットドッグ）

Aedes De Venustas P96
アエデス・デ・ヴェヌスタス（香水）

Albertine アルバティーン（ウィメンズ/小物/ジュエリー）
W. 8th St.

Mary's Fish Camp P96
メリーズ・フィッシュ・キャンプ（シーフード）

Gourmet Garage
S

Joseph Leonard P96
ジョセフ・レオナルド（アメリカン）

Starbucks
Duane Reade

Jeffrey's Grocery
ジェフェリーズ・グロッサリー（アメリカン）

P68 イースト・ビレッジ →

Greenwich Letterpress P84
グリニッジ・レタープレス（デザイン文具）

Washington Sq. Park
ワシントン・スクウェア・パーク
NYUの学生で賑わう公園。夏には大きな噴水で水遊びする若者も。

CVS
citibank ATM
Christopher St
Sheridan Sq

Gourmet Garage グルメ・ガレージ（スーパー）

Gay Liberation Monument
ゲイ解放運動記念碑

Steve Madden
スティーブ・マデン（靴）

Smalls Jazz Club P87
スモールズ・ジャズクラブ
（ジャズクラブ）

W 4 St Wash Sq
A B C D E F M

Washington Sq. Park
WC

Café Angelique
カフェ・アンジェリカ（コーヒー/紅茶）

ATM Chase Bank

Buvette ブヴェット P88
（フレンチ/イタリアン・タパス）

Blue Note
ブルー・ノート

The Little Owl
ザ・リトル・オウル
（アメリカン）

WONG
ウォン
（アジア料理）

Mick Margo
ミック・マーゴ
P96（ウィメンズ）

O&CO P87
オー & コー
（オリーブ・オイル）

W. 3rd St.

Pizza Roma
ピッツァ・ローマ
（ピザ）P86

Murray's Cheese Shop
ムーレーズ・チーズ・ショップ（チーズ）

NYU
ニューヨーク大学

McNulty's Tea & Coffee P90
マックナルティーズ・ティー & コーヒー（紅茶/コーヒー）

Amy's Bread
エイミーズ・ブレッド
（パン）

1 2 3

Houston St.
1

Houston St.
A C E

B D F M

A West Village

一期一会の瞬間に
めぐり会う散歩道

Christopher St.駅を出ると、マンハッタンでは珍しい、碁盤の目ではない街並みに気づきます。ふと目に入った小道に入れば、美しい並木と古い建物が並び、歩いているだけでもロマンティックな気分。また、舌の肥えた文化人の街ともあって、ムードあるビストロや居心地の良いカフェがいっぱいです。見て、食べて、感じる、自分だけのビレッジに吸い込まれていってください。

紙モノ好きのハートを射止めるステーショナリー・ショップ

Greenwich Letterpress
グリニッジ・レタープレス

グリーティング・カード、ポスター、日記に手帳……紙モノ好きの女子なら一気に舞い上がってしまう夢のステーショナリー・ショップがこちら。印刷業3代目のベスさん＆エイミーさん姉妹が活版印刷屋さんとしてオープンし、大学でペインティングとデザインを専攻したふたりならではのこだわりデザイン文具が集結。エイミーさんがデザインするオリジナル・レタープレス商品をはじめ、NYブランドのPaper+Cup Designやオレゴン発egg pressなどアメリカを代表するデザイン・チームのもの、また名刺や結婚式招待状のカスタムメイドも受け付けています。やさしい質感とぬくもりが魅力のレタープレスの世界を思う存分楽しんでください。

頻繁に変化を見せるキュートなウィンドー・ディスプレイ。

39 Christopher St. (btwn. Waverly Pl. & 7th Ave.) New York, NY 10014
電話：212-989-7464
地下鉄：Christopher St- Sheridan Sq ①, W 4 St-Wash Sq ⒶⒷⒸⒹⒺⒻⓂ
営業日：火–金 11:00-19:00、土日12:00-18:00、月（秋〜春）13:00-18:00
定休日：月（夏期のみ）
カード：Visa, Master, Amex
http://greenwichletterpress.com/

West Village

A

入った瞬間、心奪われるかわいらしい店内

100%ツリーフリー、100%リサイクル紙の使用・販売を心がけている

どのピザが欲しいか一目瞭然の美しいカウンター。 / パリっとした生地、噛むたびにモチっとするのがローマ風ピザ。

誰もが認める正真正銘のローマ風ピッツァ
Pizza Roma 🍴
ピッツァ・ローマ

ウェスト・ビレッジのランドマーク的存在だった老舗パン屋さんZito's Bakery(ズィッツズ・ベーカリー)の跡地に現れたローマ風ピッツェリア。ピザ激戦区のBleecker St.(ブリーカー・ストリート)に、今やショーン・ペンやウッディ・アレンら著名人をファンに持つ本場ローマ仕込みの"ピッツァ"が誕生しました。消化しやすいと言われる96時間発酵の生地作りから、レシピ、技術、食材のすべてが100%イタリア産。そしてニューヨークでは初のAssociazione Pizzerie Italiane (イタリアピッツァ協会)公認店でもある、伝統的ローマ風ピザ。Pizza Al Taglio(ピッツァ・アル・タリオ)と呼ばれる長方形の切り売りスタイルで楽しめます。ローマ出身オーナー、アンドレアさんおすすめの"ローマ風朝食"=エスプレッソ&ヌテラピザもお試しあれ。

ピザのほかにもパスタや前菜も楽しめ、夜になるとアンドレアさんの友人やおしゃれな人たちで賑わうカジュアル・ダイニング。

259 Bleecker St. (btwn. Cornelia St. & Morton St.) New York, NY 10014
電話：212-924-1970
地下鉄：Christopher St- Sheridan Sq ①, W 4 St-Wash Sq Ⓐ Ⓑ Ⓒ Ⓓ Ⓔ Ⓕ Ⓜ
営業日：日〜木11:00-24:00、金土11:00-26:00　定休日：なし
料金：$3〜5　カード：Visa, Master, Amex
http://www.pizza-roma.it/

West Village

素材の味を引き出す上質なオリーブ・オイル

O&CO
オー・アンド・コー

日本でもお馴染みのフランス生まれのオリーブ・オイル専門店。オイル鑑定士が厳選したグラン・クリュ（最高級）のエキストラ・バージン・オリーブ・オイルが20種類以上も揃い、中でもトリュフやミント、バジルなどのフレーバーオイルの種類が豊富。初のカリフォルニア産絞り立てオーガニック・オイル "Apollo Olive Oil"（アポロ・オリーブ・オイル）も販売しています。バジルやアーティチョークのペスト、ビネガー、またソープなどのスキンケアはお土産に最適。

249 Bleecker St. (btwn. Leroy St. & Cornelia St.)
New York, NY 10014　電話：212-463-7710
地下鉄：Christopher St- Sheridan Sq ①, W 4 St-Wash Sq
Ⓐ Ⓑ Ⓒ Ⓓ Ⓔ Ⓕ Ⓜ　営業日：毎日11:00-19:00　定休日：なし
カード：Visa, Master, Amex　http://www.oliviersandco.com/

ほとんどの商品のテイスティングが可能なので、お気に入りが見つかりやすい。ソープやハンドクリームなどのコスメもお見逃しなく。

小さなジャズクラブで叶える想い出深い一夜

Smalls Jazz Club
スモールズ・ジャズ・クラブ

ビレッジらしいシャビーさと古びた雰囲気が魅力のジャズクラブ。ベティー・カーターやギレルモ・クラインなど数々のミュージシャンを輩出したことでも有名で、若手を中心に本格的ジャズのライブを楽しむことができます。ほかに比べてミュージック・チャージが安く、スタッフも気取らず予約も必要なし。ふらっと立ち寄って気軽にジャズを聴きたい人におすすめです。

183 W 10th (btwn. W 4th St. & 7th Ave.)
New York, NY 10014　電話：212-252-5091
地下鉄：Christopher St- Sheridan Sq ①, W 4 St-Wash Sq
Ⓐ Ⓑ Ⓒ Ⓓ Ⓔ Ⓕ Ⓜ　営業日：毎日16:00-28:00　定休日：なし
カバーチャージ：$20　カード：Visa, Master, Amex
http://www.smallsjazzclub.com/

予約、ドレスコードの心配は無用。気軽に本場のニューヨーク・ジャズを満喫できます。
右下：入口も"小さい"ので見過ごさずに！

プロシュートのイチジク添えはスタッフおすすめのワインと一緒に。

ガストロティークなスローフードで、おいしいビストロ時間を
Buvette 🍴
ブヴェッテ

朝のコーヒー、ランチ、そしてアフターワークの一杯に。おいしい時間とともに幸せのエッセンスをお届けするパリ風ビストロが今年 Grove St. にオープン。次々と文化人セレブが顔を出し、今やビレッジの gem＝宝石とも呼ばれる「ブヴェッテ」では、シェフ、ジョディ・ウィリアムさんの言う"ガストロティーク"な創作料理がテーマ。旅からインスピレーションを受けたプロシュートのクロック・ムッシュや、イタリア・カタルーニャで食べられる塩鱈のパテ、ブランダードなど、フランスとイタリアを行き来する美食メニューを揃え、すべて新鮮なローカル食材で調理しています。口の中から体に染み渡るおいしさは舌の肥えたニューヨーカーを今日もうならせています。

カウンターに山積みにされた食器やオリーブオイルがアットホームな雰囲気を醸し出す。

42 Grove St. (btwn. Bleecker St. & Bedford St.) New York, NY 10014
電話：212-255-3590
地下鉄：Christopher St- Sheridan Sq ①、14 St ①②③、W 4 St-Wash Sq ⒶⒷⒸⒹⒺⒻⓂ
営業日 ：月－金8:00-26:00、土・日 16:00-26:00　定休日：なし　料金：$7～
カード：Visa, Master, Amex
http://www.ilovebuvette.com/

West Village

アンティークな雰囲気が漂うチャーミングな店内。

昔ながらの雰囲気が色濃く残るカウンター。

創業1895年の紅茶屋さんにタイムトリップ
McNulty's Tea & Coffee
マックナルティーズ・ティー・アンド・コーヒー

1895年のウェスト・ビレッジにワープしたような、歴史を感じるこぢんまりとした老舗紅茶屋さん。開店当時の計り機やレジのカウンター、レトロなコーヒー容器など、時が止まった空間に世界各地から集められたリーフティーとコーヒーが所狭しと並べられています。1980年に中国系アメリカ人のウォン親子がオーナーシップを引き継いで以来、凍頂烏龍茶や玄米茶などの東洋茶も取り揃え、紅茶の数は100種類以上、コーヒーも90種類。「レア物を求めてお茶好きやコーヒー・マニアがよく来てくれる」という店長デビッドさんのおすすめはバリ産ブルームーン・オーガニック・コーヒー。お土産にはパッケージ・デザインがおしゃれなニューヨーク・ブランドGrace Rare TeaやAjiri Teaをどうぞ。
グレース・レア・ティー　アジリ・ティー

左：Grace Rare Teaは、種類別のネーミングがユニークで缶も想い出に取っておけます。

109 Christopher St. (btwn. Bleecker St. & Hudson St.)　New York, NY 10014
電話：212-242-5351
地下鉄：Christopher St- Sheridan Sq ①, W 4 St-Wash Sq ⒶⒷⒸⒹⒺⒻⓂ
営業日：月〜土10:00-21:00、日13:00-19:00　定休日：なし
カード：Visa, Master, Amex
http://www.mcnultys.com/

West Village
B

憧れのシーンに心ときめいて

"Sex and the City" のキャリーのアパート、またキャリーが好きなカップケーキのお店マグノリア・ベーカリーがあることでも有名なエリア。近年この辺りのBleecker St.には大手ブランドショップが続々とオープンしていますが、一歩細い道へ入ると小規模なレストランやブティックが顔を出し、きっと好みのカフェも見つかるはず。主人公気分で歩きたい散歩道です。

自分好みのアロマ成分で作る自然派コスメ

Soapology
ソーポロジー

甘美な香りに誘われ店内に入ると、色とりどりのソープとキャンドルが迎えてくれるアロマコスメショップ。天然アロマ成分を利用し、商品はすべて100%ノンケミカルでオーガニック。ここでは、ボディクリームやスクラブなど購入した商品に自分で選んだ香りをブレンドするカスタマイズ・アロマが有名です。切り売りされている手作りソープもお見逃しなく。

67 8th Ave. (btwn. W.13th St. & Greenwich Ave.)
New York, NY 10014　電話：212-255-7627
地下鉄：14 St Ⓐ Ⓒ Ⓔ, 8 Av Ⓛ
営業日：毎日 11:00-22:00　定休日：なし
カード：Visa, Master, Amex
http://soapologynyc.com/

ソフトな色合いとガラス瓶もキュート。ハンドオイルとしても使えるオーガニック・ソイキャンドルもぜひ試してみて。

世界にひとつのロマンティックなリメイク・ドレスを探して

Geminola
ジェミノラ

ピンクや赤といったビビッドな色のドレスたちが踊るように並ぶ店内は、まるでお姫様のクローゼットのよう。すべてはイギリス人デザイナー、ロレインさんが1950年以前のビンテージ生地を使ってハンドメイドでリメイクした一点物アイテム。"Sex and the City"のラスト・エピソードでキャリーが着ていたバレリーナ・ドレスはこちらのものだそう。ウェスト・ビレッジに隠れた秘密のクローゼット、覗いてみる価値あり。

41 Perry St. (btwn. W 4th St. & Waverly Pl.)New York, NY 10014　電話：212-675-1994　地下鉄：Christopher St-Sheridan Sq ①, 14 St ①②③　営業日：毎日 12:00-19:00（木–土 20:00、日 18:00まで）　定休日：なし
カード：Visa, Master, Amex　http://www.geminola.com/

19世紀パリの女優さんが使っていた楽屋のような店内。服にもお店にもラブリーがぎゅっと詰まっていて、主役級アイテムを探すにはぴったり。

上品な味を提供するヘルシーなファラフェル・デリ

Taïm
タイーム

ニューヨークのファラフェルで常にトップを争うTaïm。ほどよいスパイスと上品な味のファラフェルはグリーン味、レッド味、スパイシー味の3種類があり、ピタパンに挟むサンドウィッチか、サラダやおかずの盛り合わせが付くプラッターからチョイス。添えられているとびきりクリーミーなフムスが絶品です。ヘルシーなスムージーも一緒にどうぞ。

222 Waverly Place (btwn. W 11th St. & Perry St. near 7th Ave.)　New York, NY 10014　電話：212-691-1487
地下鉄：Christopher St- Sheridan Sq ①, 14 St ①②③
営業日：毎日11:00-22:00
定休日：なし　カード：現金のみ
http://www.taimfalafel.com

上：3種のファラフェルが入ったミックス・ファラフェル・プラッター。右下：店内が混雑していたら外のベンチや公園で頬張るのもニューヨーク流。

West Village

ベッドや天井のファンなど、レトロな雰囲気の客室。

クラシック×モダンなディテールを追求したバスルーム。

洗練されたデザインホテルでお手頃ステイ
The Jane Hotel
ザ・ジェーン・ホテル

ボワリーホテルやマリタイムホテルなど、ニューヨークの高級デザインホテルを手がけた仕掛人のふたりが2010年にオープンさせたブティックホテル。ハドソン川沿いに位置し、もともとは海軍用の宿泊地でタイタニック号の生存者も滞在していたことで有名な赤煉瓦ビルをリフォームしました。船のキャビンをイメージした客室、ホテルマンのレトロな雰囲気と気品が漂う制服、1階ロビーにはノリータで大人気のおしゃれフレンチ・モロッコ・レストランCafé Gitane（カフェ・ジタン）を設けるなど、さすが！と思わせるトータル・プロデュース。2段ベッドの部屋は驚きの狭さですが、ハイラインやチェルシーマーケットにも近い立地で1泊$99はありがたい。市内散策のための無料自転車レンタルもかわいいおまけ。

存在感あるホテルの外観。ハドソン川沿いに位置するので、朝の散歩も気持ちがいい。

113 Jane St. (btwn. West St. & Washington St.)　New York, NY 10014
電話：212-924-6700
地下鉄：Christopher St- Sheridan Sq ①, 8 Av Ⓛ, 14 St ⒶⒸⒺ
料金：$125～
カード：Visa, Master, Amex
http://www.thejanenyc.com/

ちょっと寄り道

ウェスト・ビレッジで本屋さんめぐり
West Village Bookstore Visits

情緒的なウェスト・ビレッジに似合う午後といえば、カフェでのんびり読書。
そんなニューヨークの想い出に残るお店をご紹介します。

Bonnie Slotnick Cookbooks
ボニー・スロトニック・クックブックス

誰よりも料理本を愛するボニーさんの宝物がぎっしりと詰まった、料理本専門の小さな本屋さん。すべては彼女のコレクションであり、店内にはアンティーク料理器具やボニーさんのお友だちの手作り刺繍入りクロスも。かわいらしいレトロ・アメリカンの世界が潜んでいます。

163 W.10th St. (btwn. Waverly Pl & 7th Ave.)
New York, NY 10014
212-989-8962
毎日 13:00-18:00　営業時間変更あり（留守録で確認可）
http://bonnieslotnickcookbooks.com/

Three Lives & Company
スリー・ライブズ・アンド・カンパニー

赤いドアが目印のこの書店は、本好きの店主トビーさんとここに集まる文化人の隠れ家。米国作家ガートルード・スタインの本"Three Lives"が由来となり、様々な書籍に加えニューヨーク本も充実しています。ディスプレイも美しく、すべては小さな本屋さんならではのぬくもり。

154 W.10th St. (at Waverly Pl.)
New York, NY 10014
212-741-2069
日 12:00-19:00　月火 12:00-20:00　水—土 11:00-20:30
http://threelives.com/

Doma Café
ドマ・カフェ

Perry St.とWaverly Pl.の角にあるチャーミングなカフェ。ここで本を読みながら午後の休憩、または窓越しに映る街を眺めながら旅の日記を綴ってみては？　火曜の夜にはチャージ無料の"ジャズ・ナイト"が開催され、昼間とは違った賑わいを見せています。

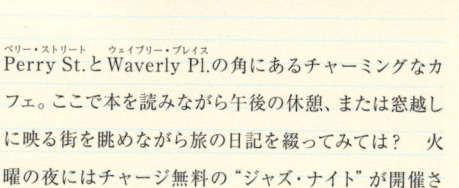

17 Perry St. (at Waverly Pl.)
New York, NY 10014
212-929-4339
毎日7:45-24:00
http://www.domanyc.com/

まだある！
West Village のおすすめ

A Joseph Leonard
ジョセフ・レオナルド

素材を生かしたシンプルな味の贅沢

インテリアのセンスが抜群のチャーミングなレストラン。新鮮な食材を使ってシンプルに仕上げた料理を楽しめ、週末ブランチには行列ができることも。朝食にランチ、ディナーも深夜までオープンと便利。

住所：170 Waverly Place　電話：646-429-8383
営：月17:30-24:00 火-金8:00-26:00 土10:30-26:00
日10:30-24:00　http://josephleonard.com

A Café Asean
カフェ・アセアン

キュートなアジアのキッチン

マレーシア出身オーナーシェフ、シンプソン・ウォンのカジュアル・アジアン。料理はシンガポール、マレーシア、ベトナムが中心。初夏〜秋に行く方はぜひ奥のパティオ席へ。姉妹店WONGも最近オープン。

住所：117 W.10th St.　電話：212-633-0348
営：日〜木12:00-22:30 金土12:00-23:00　無休
http://www.cafeasean.com

A Mick Margo
ミック・マーゴ

シンプル＆シックを主役にしたい

Time誌のPRをしていたオーナー、ナディンさんのセレクトショップ。Isabel Marant, Rachel Comeyといった、カジュアルライクだけれどエレガンスを忘れないブランドが顔を揃える。

住所：19 Commerce St.　電話：212-463-0515
営：月-水12:00-19:00（木 -20:00、日 -18:00）　休：土
http://www.mickmargo.com

A Aedes De Venustas
アエデス・デ・ヴェヌスタス

高貴なフレグランス・ブティック

レアな香水、コスメの取り扱い種類が豊富なお店。オリジナル商品のほかHIERBAS DE IBIZA、PENHALIGON'S、CLAUS PORTOなどが揃い、官能的で魅惑的な1本が見つかるはず。

住所：9 Christopher St.　電話：212-206-8674
営：月〜土12:00-20:00 日13:00-19:00　無休
http://www.aedes.com

B Mary's Fish Camp
メリーズ・フィッシュ・キャンプ

おいしいシーフードを食べたければここ！

ロブスターロールはもちろん、ルイジアナ・ザリガニやクラムチャウダーなど、メニューはすべてが魚介類というシーフード・パラダイス。牡蠣などの生ものメニューは店内の黒板をチェック。

住所：64 Charles St.　電話：646-486-2185
営：月-土12:00-15:00/18:00-23:00　休：日
http://marysfishcamp.com

B 'sNice
スナイス

早朝からオープンのベジタリアン・カフェ

朝から気持ち良くオーガニック・コーヒーと一緒にベジタリアン・サンドウィッチが食べられるカフェ。手作りベーカリーやビーガン・メニューもあり、中でもパニーニが人気。店内には無料WiFiもあり、立ち寄るのに便利。

住所：45 8th Ave. (at W.4th St.)　電話：212-645-0310
営：毎日7:30-22:00　無休　http://www.snicecafe.com

B Café Minerva
カフェ・ミネルヴァ

ウェスト・ビレッジのクリーンな空間

店内中央にU字形のエスプレッソバーがあり、コーヒーもワインも食事もスイーツも目的によって楽しめるカフェ。食事はシンプルなイタリアン。窓ガラス席に座って街行く人を眺めるのもいいかも。

住所：302 W.4th St.　電話：212-242-4800
営：月-金7:00-22:00 土日7:00-24:00　無休
http://www.cafeminervanewyork.com

B TOCCA
トッカ

Lyellファンには嬉しいアパレル・ライン

繊細なフレンチチックを表現する元Lyell(ライル)のデザイナー、エマ・フレッチャーが2011秋冬よりTOCCAのデザイナーに。NYにいるからこそ買いたい、秘密のアドレス。

住所：605 Hudson St.　電話：212-255-3801
営：月〜土11:00-19:00 日12:00-18:00　無休
http://www.tocca.com

フラットアイアンを囲む、歴史と多文化のざわめき

Gramercy

グラマシー

1800年代築ゴシック様式の建物が今もなお残るグラマシー。グラマシー・パーク周辺は歴史的地区に指定され、唯一のニューヨーク出身大統領セオドア・ルーズベルトの生家もあります。ちょっと歩けばユニオン・スクウェア、フラットアイアン、そしてコリアン・タウン。歩けば歩くほど、面白みが増していきます。

{ 主な観光スポット }

ユニオン・スクウェア

グラマシー・パーク

セオドア・ルーズベルト生家

フラットアイアン・ビル

マディソン・スクウェア・パーク

Map: Midtown West / Chelsea / Meatpacking District

P112 ミッドタウン・ウェスト

Streets (north to south)
- W. 34th St.
- W. 33rd St.
- W. 32nd St.
- W. 31st St.
- W. 30th St.
- W. 29th St.
- W. 28th St.
- W. 27th St.
- W. 26th St.
- W. 25th St.
- W. 24th St.
- W. 23rd St.
- W. 22nd St.
- W. 21st St.
- W. 20th St.
- W. 19th St.
- W. 18th St.
- W. 17th St.
- W. 16th St.
- W. 15th St.
- W. 14th St.
- W. 13th St.

Avenues
- 10th Ave.
- 9th Ave.
- 8th Ave.
- 7th Ave.
- Avenue of the Americas (6th Ave.)
- Hudson St.

Subway Stations
- 34 St Penn Station (A C E)
- 34 St Penn Station (1 2 3)
- 34 St.-Herald Sq (B D F M N Q R)
- 28 St (1)
- 23 St (C E)
- 23 St (1)
- 23 St (F M)
- 18 St (1)
- 14 St (A C E)
- 14 St (1 2 3)
- 6 Av / 14 St (L)
- 8 St (L)
- (B D F M)

Landmarks
- 中央郵便局 General Post Office
- ペンシルバニア駅 Pennsylvania Station
- 【ちょっと寄り道】P108 **The High Line** ザ・ハイ・ライン

Shops & Restaurants
- Habu Textiles ハブ・テキスタイルズ (テキスタイル)
- Jamali Floral & Garden Supplies ジャマリ・フローラル・アンド・ガーデン・サプライズ (花屋)
- Whole Foods ホール・フーズ (スーパー)
- Olde Good Things オールド・グッド・シングス (アンティーク家具・雑貨)
- Hotel Chelsea ホテル・チェルシー
- Tia Pol ティア・ポル (タパス)
- Doughnut Plant ドーナッツ・プラント (ドーナッツ)
- Trader Joe's トレーダー・ジョーズ (スーパー)
- Comme des Garçons コム・デ・ギャルソン (メンズ/ウィメンズ)
- Café Grumpy カフェ・グランピー (コーヒー)
- Limelight Market ライムライト・マーケット (グルメマーケット)
- **Chelsea Market** チェルシー・マーケット
  グルメなお土産探しに嬉しいマーケット。Lobster Place (ロブスター・プレイス) のクラムチャウダーが美味。
- Housing Works Thrift Shop ハウジング・ワークス・スリフト・ショップ (古着)
- エリアA
- Pipin Vintage Jewelry ピピン・ビンテージ・ジュエリー (ビンテージ・ジュエリー)
- La Taza De Oro ラ・タザ・デ・オロ (プエルトリコ料理)
- The Diner ザ・ダイナー (ダイナー)
- Del Posto デル・ポスト (イタリアン)
- Scarpetta スカルペッタ (イタリアン)
- P91 **Soapology** (石けん) ソーポロジー
- The Standard ザ・スタンダード
- The Standard Grill ザ・スタンダード・グリル (ステーキ)
- Hotel Gansevoort ホテル・ガンズヴール
- Pastis パスティス (フレンチ)
- **Meatpacking District** ミートパッキング・ディストリクト
  精肉工場や倉庫跡地が、セレブなおしゃれエリアとして生まれ変わったエリア。
- P82 ウエスト・ヴィレッジ

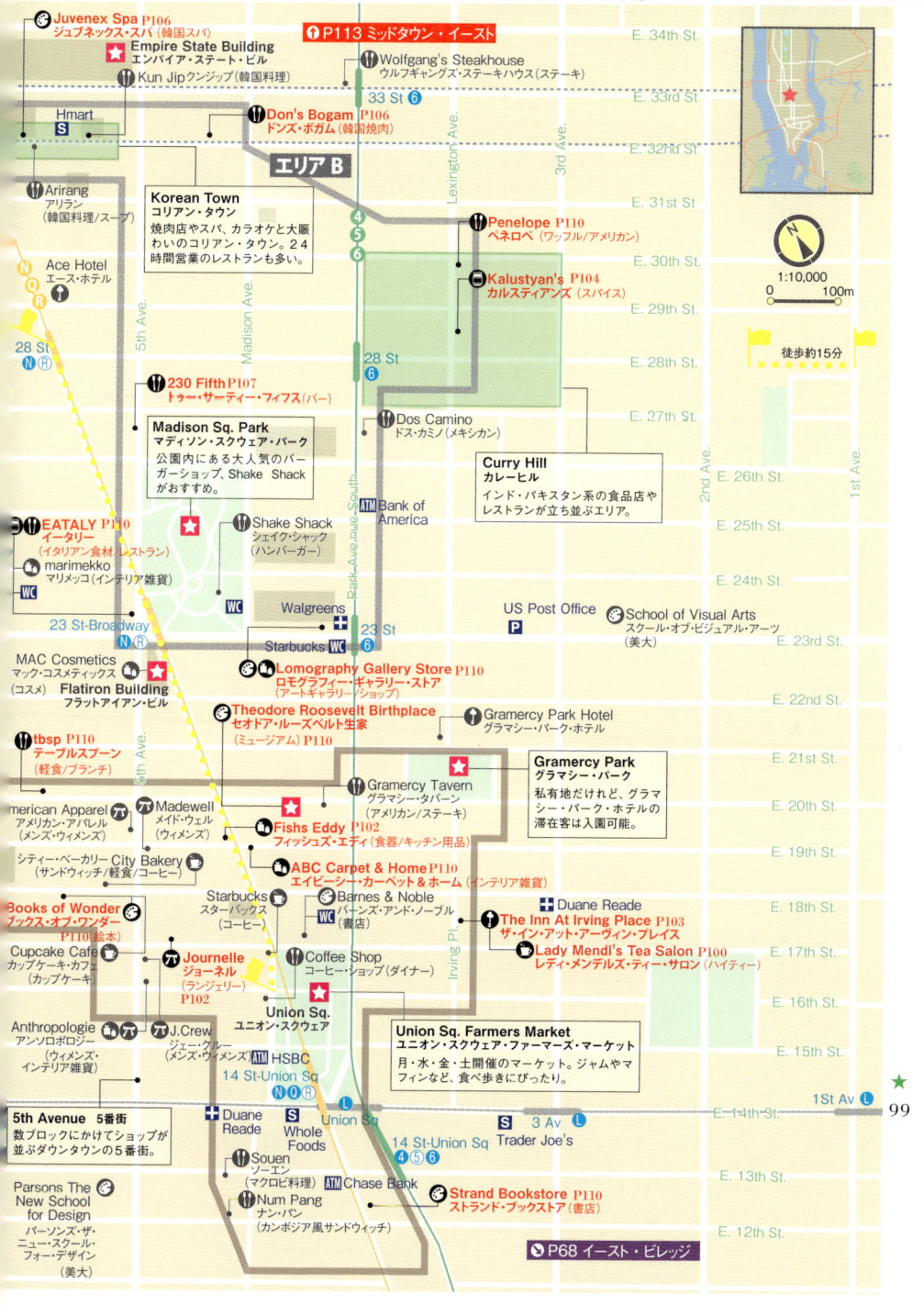

Gramercy

- Juvenex Spa P106
  ジュブネックス・スパ (韓国スパ)
- Empire State Building
  エンパイア・ステート・ビル
- Kun Jip クンジップ (韓国料理)
- Wolfgang's Steakhouse
  ウルフギャングス・ステーキハウス (ステーキ)

P113 ミッドタウン・イースト

- Hmart
- Don's Bogam P106
  ドンズ・ボガム (韓国焼肉)

エリア B

- Arirang アリラン (韓国料理／スープ)
- Korean Town コリアン・タウン
  焼肉店やスパ、カラオケと大賑わいのコリアン・タウン。24時間営業のレストランも多い。
- Penelope P110
  ペネロペ (ワッフル／アメリカン)
- Ace Hotel エース・ホテル
- Kalustyan's P104
  カルスティアンズ (スパイス)

1:10,000
0 100m

徒歩約15分

- 230 Fifth P107
  トゥー・サーティー・フィフス (バー)
- Madison Sq. Park マディソン・スクウェア・パーク
  公園内にある大人気のバーガーショップ、Shake Shack がおすすめ。
- Dos Camino ドス・カミノ (メキシカン)
- Curry Hill カレーヒル
  インド・パキスタン系の食品店やレストランが立ち並ぶエリア。
- EATALY P110 イータリー (イタリアン食材／レストラン)
- Shake Shack シェイク・シャック (ハンバーガー)
- marimekko マリメッコ (インテリア雑貨)
- Bank of America
- Walgreens
- US Post Office
- School of Visual Arts スクール・オブ・ビジュアル・アーツ (美大)
- Starbucks
- MAC Cosmetics マック・コスメティックス (コスメ)
- Flatiron Building フラットアイアン・ビル
- Lomography Gallery Store P110 ロモグラフィー・ギャラリー・ストア (アートギャラリー／ショップ)
- Theodore Roosevelt Birthplace セオドア・ルーズベルト生家 (ミュージアム) P110
- Gramercy Park Hotel グラマシー・パーク・ホテル
- tbsp P110 テーブルスプーン (軽食／ブランチ)
- American Apparel アメリカン・アパレル (メンズ・ウィメンズ)
- Madewell メイド・ウェル (ウィメンズ)
- Gramercy Tavern グラマシー・タバーン (アメリカン／ステーキ)
- Gramercy Park グラマシー・パーク
  私有地だけれど、グラマシー・パーク・ホテルの滞在客は入園可能。
- Fishs Eddy P102 フィッシュズ・エディ (食器／キッチン用品)
- City Bakery シティ・ベーカリー (サンドイッチ／軽食／コーヒー)
- ABC Carpet & Home P110 エイビーシー・カーペット＆ホーム (インテリア雑貨)
- Barnes & Noble バーンズ・アンド・ノーブル (書店)
- Starbucks スターバックス (コーヒー)
- Duane Reade
- The Inn At Irving Place P103 ザ・イン・アット・アーヴィン・プレイス
- Books of Wonder ブックス・オブ・ワンダー (絵本) P110
- Cupcake Cafe カップケーキ・カフェ (カップケーキ)
- Journelle ジョーネル (ランジェリー) P102
- Coffee Shop コーヒー・ショップ (ダイナー)
- Lady Mendl's Tea Salon P100 レディ・メンデルズ・ティー・サロン (ハイティー)
- Anthropologie アンソロポロジー (ウィメンズ／インテリア雑貨)
- J.Crew ジェー・クルー (メンズ・ウィメンズ)
- Union Sq. ユニオン・スクウェア
- Union Sq. Farmers Market ユニオン・スクウェア・ファーマーズ・マーケット
  月・水・金・土開催のマーケット。ジャムやマフィンなど、食べ歩きにぴったり。
- HSBC
- 5th Avenue 5番街
  数ブロックにかけてショップが並ぶダウンタウンの5番街。
- Duane Reade
- Whole Foods
- Trader Joe's
- Parsons The New School for Design パーソンズ・ザ・ニュー・スクール・フォー・デザイン (美大)
- Souen ソーエン (マクロビ料理)
- Chase Bank
- Num Pang ナン・パン (カンボジア風サンドイッチ)
- Strand Bookstore P110 ストランド・ブックストア (書店)

P68 イースト・ヴィレッジ

A Gramercy

19世紀のニューヨークへタイムトラベル

ダウンタウンのおへそ Union Sq 駅(ユニオン・スクウェア)を出たら、まずは月・水・金・土に開催のファーマーズ・マーケットでお土産選び。そこから東へ数ブロック歩くと、徐々に上品な空気が漂い、気づけば19世紀にタイムトリップ。ブラウンストーンの高級タウンハウスが立ち並び、私有地であるグラマシー・パークを外から眺めながら、プライベート気分でお散歩。そんなエレガントな午後を体験できます。

ハイティーで叶えるロマンティックな午後のひととき

Lady Mendl's Tea Salon
レディ・メンデルズ・ティー・サロン

グラマシー・パークの南に位置する隠れ家ホテル（P.103）の1階に、その優美なティー・サロンはあります。馥郁(ふくいく)たる香りとキャンドルのやさしい灯火がともるそこは、1900年代初頭このエリアに住んでいたインテリア・デコレーター、Lady Mendl(レディ・メンデル)にちなんで名づけられました。有名なソーシャライツだった彼女は、アフタヌーン・ティーを大変好んだのだそう。昔ながらの伝統的ティー・サロンは1日数回のサービスで5コース＄35。サラダからはじまり、フィンガー・サンドウィッチ、スコーン、ケーキ、チョコレート。20種類以上の紅茶の中でもおすすめはベルガモットの香りがやさしいLady Mendl's Tea(レディ・メンデル・ティー)。完全予約制とあり、ここだけ時が止まったようなプライベート感を味わえる空間となっています。

看板のない入口。この木の扉の向こうが、魅惑のハイティーの世界。

56 Irving Place (btwn. 17th St. & 18th St.) New York, NY 10003
電話：212-533-4466
地下鉄：14 St-Union Sq ④⑤⑥ⓁⓃⓆⓇ
営業日：月–金 15:00、17:00、土日 12:00/14:30/17:00
料金：＄35/1人
カード：Visa, Master, Amex
http://www.innatirving.com/default.aspx?pg=dining-mendls

Gramercy

A

アロマティックなティーはジンジャーの砂糖漬けと一緒に。

淡い色の壁に花柄のラグ、ビクトリア調のアンティーク家具が美しい。

オーナー夫婦の愛情が詰まったアメリカン・テイストの食器

Fishs Eddy
フィッシュズ・エディ

「大好きなビンテージ食器を集めていたのがはじまりだったの」とにっこり笑顔のジュリーさんが旦那さんと一緒に経営する食器専門店。定番のダイナー食器から色とりどりのハンド・プレス・ガラス器、ほかにも毎日を楽しくしてくれるインテリア雑貨が所狭しとぎゅうぎゅう詰め。毎回新作が楽しみなNYデザイナーとのコラボ食器やエコバッグはお土産に。掘り出し物が見つかるビンテージ食器コーナーも併せてチェック！

889 Broadway (at 19th St.) New York, NY 10003
電話：212-420-9020　地下鉄：14 St-Union Sq ④⑤⑥L
Ⓝ⓪Ⓡ、23 St ⓃⓇ　営業日：月〜木9:00-21:00、金土 9:00-22:00、日10:00-20:00　定休日：なし
カード：Visa, Master　http://www.fishseddy.com/

上：日本ではなかなか手に入らないビンテージ食器。
下：コラボ商品、ほかにも元気が出るカラフルな食器がいっぱい！

女らしさをグッと引き出してくれる秘密のランジェリー

Journelle
ジョーネル

繊細なレース生地にシルクサテンなど、ドキッとするほど官能的な下着が並ぶランジェリーショップ。バストアップさせる補正下着というよりは、ソフトなフィット感で体に吸い付くようなブラ、いわゆる"おしゃれランジェリー"がニューヨーク女性の好み。フランスのMaison Closeやアメリカの Jenna Leighなど、キュートなのに大人っぽいブランドが揃います。

3 E.17thSt. (btwn. Broadway & 5th Ave.) New York, NY 10003
電話：212-255-7800
地下鉄：14 St-Union Sq ④⑤⑥LⓃ⓪Ⓡ
営業日：月〜金11:00-20:00、土11:00-19:00、日12:00-19:00
定休日：なし
カード：Visa, Master, Amex　http://www.journelle.com/

ニューヨークの女性にとって、キャミやスリップは女力アップに必須のファッション・アイテム。想い出のランジェリーを見つけてみて！

Gramercy

イーディス・ウォートンの小説をイメージした部屋。

ベッドのすぐ横の窓からは朝日が射し込みます。

19世紀文化人の空気がにじむ、知的な隠れ家ホテル
The Inn At Irving Place
ザ・イン・アット・アーヴィン・プレイス

19世紀のグラマシーのブルジョア文化を彷彿とさせるブラウンストーンの建物。看板もなくひっそりと佇むそのブティック・ホテルは、1834年築のタウンハウスを1996年に修復、オールド・ニューヨークの面影を感じさせるホテルとして蘇らせました。12部屋しかない客室には、女流作家イーディス・ウォートンの小説の主人公や建築家スタンフォード・ホワイトの名前をつけ、使用可能の古いタイプライターも置かれています。もちろんケーブルテレビや無料WiFiなどのモダン設備も完備。ユニオン・スクウェアまで徒歩5分と立地も便利で、朝食と一緒にニューヨーク・タイムズの無料サービスとはさすが。歴史に思いを馳せる滞在となるでしょう。

お高いけれど、想い出のショートステイとしてぜひ泊まってみたい。

56 Irving Place (btwn. 17th St. & 18th St.)
New York, NY 10003
電話：212-533-4466
地下鉄：14 St-Union Sq ④⑤⑥ⓁⓃⓆⓇ
料金：$445〜
カード：Visa, Master, Amex
http://www.innatirving.com/

B Gramercy

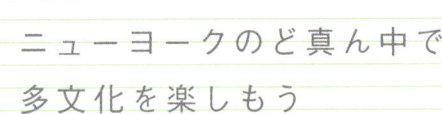

ニューヨークのど真ん中で多文化を楽しもう

マディソン・スクウェア・パークの目の前にある歴史的建造物フラットアイアンに挨拶をしたら、イタリア食品館EATALY(イータリー)に立ち寄って昼間からワインで乾杯はいかが？ 気分が良くなったらゆっくりと歩いて、通称"カレーヒル"と呼ばれるインド・パキスタン街マレーヒル地区へ。スパイスの香りを堪能したあとはコリアンタウン。もちろん、夜の乾杯もお忘れなく。

世界70カ国のスパイスが集まるエスニック・マーケット

Kalustyan's
カルスティアンズ

1944年創業のスパイス専門店。プロのシェフやグルメ雑誌からも高く評価され、この店なくしてニューヨークのグルメは語れないほどの存在になった店内には、70カ国以上から集められた150種類を超えるスパイス、ドライハーブや豆、お米や調味料が棚一面にぎっしり。見ているだけでもわくわくする、世界の食べ物博物館のよう。2階のフードコートでは、35年以上もキッチンを切り盛りしているレバノン人のアルピアさんが笑顔でお出迎え。おしゃべりで陽気な81歳の彼が、お得意料理のひとつ"ムジャッダラ"を作っています。窓際席に座って、Lexington Ave.(レキシントン・アベニュー)を見下ろしながら気軽にランチも楽しいひととき。タジン鍋やティーセットなど調理器具も忘れずにチェックを。

左：栄養価の高いカラフルなドライフルーツ
右：現役コックのアルピアさん。

123 Lexington Ave. (btwn. 28th St. & 29th St.) New York, NY 10016
電話：212-685-3451
地下鉄：28 St ⑥
営業日：月-土10:00-20:00、日11:00-19:00　定休日：なし
カード：Visa, Master, Amex
http://kalustyans.com/

Gramercy

B

料理好きにはうれしい、お土産にもなるお手頃価格の香辛料。

2階の窓際席に座って、スパイシーで味わい深いランチを。

123 Lexington

KALUSTYAN'S

メディア紹介記事、著名人の写真などでいっぱいのウィンドー。

スタイリッシュなモダン焼肉で、旅の疲れにスタミナ補給

Don's Bogam
ドンズ・ボガム

32丁目の活気あふれるエリアからちょっと外れたMadison Ave.近くのおしゃれ焼肉店。コンセプトはワインと一緒にいただくモダン韓国焼肉というだけに、ワイン・お酒の種類が豊富でインテリアも大人っぽくスタイリッシュ。前菜のナムル、各種スープ、そしてマリネされていないカルビが美味。夜遅くまで営業しているので、掘りごたつ席でゆったりと語らうのも良いでしょう。

17 E.32nd St. (btwn.5th Ave. & Madison Ave.)
New York, NY 10016　電話：212-683-2200
地下鉄：34 St-Herald Sq Ⓑ Ⓓ Ⓕ Ⓜ Ⓝ Ⓠ Ⓡ、33 St Ⓡ
営業日：日〜木11:00-24:00、金土11:30-25:00　定休日：なし
料金：$13〜　カード：Visa, Master, Amex
http://donsbogam.com/

上：上品で繊細な味が魅力のビビンバと各種ナムル。
下：大人の焼肉デートがおしゃれにかなうシックな雰囲気の店内。

これで時差ボケ解消！韓国系ホリスティック・スパ

Juvenex Spa
ジュブネックス・スパ

コリアンタウン32丁目のど真ん中にある24時間営業のホリスティック・スパ。韓国式垢擦り、サウナ、バス、スチームルームなど充実した施設と心温まるおもてなしがセレブにも好評。ヒスイで作られたドーム形イグルーサウナがメニューに組まれた"ジェイド・ジャーニー"コース（90分 $65）は代謝促進、美肌効果を促し心身ともにリラックス。予約なしOK、カップルコースもあり。

25 W.32nd St.5th Fl.(btwn. Broadway & 5th Ave.)
New York, NY 10001　電話：646-733-1330
地下鉄：34 St-Herald Sq Ⓑ Ⓓ Ⓕ Ⓜ Ⓝ Ⓠ Ⓡ、33 St Ⓡ
営業日：毎日　女性専用7:00-17:00、男女混浴17:00-7:00（水着着用）　定休日：なし
カード：Visa, Master, Amex　http://juvenexspa.com/

きれいで落ち着くスパ施設。スパのあとは、爽快な気分にさせてくれるフルーツのサービスも。7時〜17時までが女性専用です。

Gramercy

一生の想い出に残る摩天楼の景色を目の前に、乾杯！

ニューヨークの摩天楼に乾杯！

230 Fifth
トゥー・サーティ・フィフス

ニューヨークの夜をとびきりfabulous!にしたければ、摩天楼を一望できるルーフトップ・バーはいかが？ ビル20階に着いて入口をくぐると、目の前にはマンハッタンの空に堂々とそびえ立つエンパイア。ヤシの木が揺れるリゾート風テラスにラウンジ系音楽が流れ、アフターワークのビジネスマンやギャルたちがカクテルを片手におしゃべりを楽しんでいます。オーナーは80年代のディスコシーンで一世を風靡した仕掛人スティーブン・グリーンバーグさん。"ニューヨークの美しい夜景は一年中楽しむべき"をモットーに冬の間もヒーターと毛布を提供して営業、年中無休でニューヨークらしいゴージャスな夜を演出します。絶景とともにサンセットカクテルを味わいたい人は、今すぐ"To Do リスト"に！

左：スタッフと会話が弾み和気あいあいムード。
右：エンパイアの圧倒的な美観に息をのむ。

230 5th Ave. (btwn. 26th St. & 27thSt.)
New York, NY 10001
電話：212-725-4300
地下鉄：28 St Ⓝ Ⓡ ⑥
営業日：月〜金16:00-28:00、
土日11:00-28:00　定休日：なし
カード：Visa, Master, Amex
http://www.230-fifth.com/

ちょっと寄り道

The High Line
ザ・ハイライン

毎日7:00-19:00
http://www.thehighline.org/

南はミートパッキング・エリアのGansevoort St.から北は<ruby>West 30th St.<rt>ウェスト・サーティエスト・ストリート</rt></ruby>までをつなぐ、空中公園。これは、廃線になっていた高架橋を公園へとリサイクル、そして地域活性化もかなえた都市再開発プロジェクト。地上9mの公園からは、マンハッタンの街並みやエンパイアも見渡せ、ハイラインをまたぐように建つデザイナーズ・ホテル<ruby>The Standard<rt>ザ・スタンダード</rt></ruby>の景観も見事。公園にはお花や植物が生い茂り、デッキで読書や昼寝を楽しむ人たちや、ベビーカーを連れてお散歩中のニューヨーカーが思い思いの時間を過ごしています。途中、ベンダーやカフェも設置され、インスタレーションや展示、イベントが開催されることも。夕暮れ時のハドソン川の上に見える空模様と夕陽は、きっと旅のハイライトになることでしょう。

\まだある!/
Gramercy のおすすめ

A tbsp
テーブルスプーン

ローカル食材のオーガニックな食事

NY州産の季節のオーガニック野菜、新鮮なお肉や魚をふんだんに使うレストラン。入口付近に並ぶオーガニック・コーヒーやジャム、パンケーキミックスなどのオリジナル商品は必見。

住所：17 W.20th St.　電話：646-230-7000
営：月-金 7:30-17:30 土日10:00-16:00（ブランチ）無休
http://www.spoonnyc.com

A Books of Wonder
ブックス・オブ・ワンダー

懐かしい絵本のワンダーランド

子供とママのための児童書専門店。『オズの魔法使い』や「バーバパパ」シリーズなど昔読んだ絵本が並び、カフェでは子供たちが自由に読書する姿が。洋書絵本のギフトも喜ばれるのでは？

住所：18 W.18th St.　電話：212-989-3270
営：月-土10:00-19:00 日11:00-18:00　無休
http://www.booksofwonder.com

A Strand Bookstore
ストランド・ブックストア

本好きニューヨーカーに愛される書店

創業はなんと1927年という歴史を誇る老舗書店。古本、新書、アートブックなど、本に埋め尽くされているその規模にもびっくり。購入した本はそのまま日本へ郵送も可能。オリジナルエコバッグはお土産に。

住所：828 Broadway　電話：212-473-1452
営：月-土9:30-22:30 日11:00-22:30　無休
http://www.strandbooks.com

A ABC Carpet & Home
エイビーシー・カーペット・アンド・ホーム

選び抜かれたインテリアの宝庫

1897年創業のNYを代表する大型インテリア・ショップ。全7フロアにアンティーク家具、ラグ、キャンドルに雑貨、1階にはレストランのABCKitchenも。お部屋のアクセント探し、ギフト選びに最適。

住所：888 Broadway　電話：212-473-3000
営：月火水金土 10:00-19:00 木10:00-20:00
日 11:00-18:30　無休　http://www.abchome.com

A Theodore Roosevelt Birthplace
セオドア・ルーズベルト生家

唯一のNY出身大統領の生家

ルーズベルト大統領の生家が一般公開され、無料ツアーが可能に。1865年頃の生活やクラシックなビクトリアン風家具などを見学できる。

住所：28 E.20th St.　電話：212-260-1616
営：火-土 10:00、11:00、13:00、14:00、15:00、16:00
（グループツアー以外は予約不要＆現地集合）
http://www.nps.gov/thrb

B Penelope
ペネロペ

大人気アメリカン・ブレックファースト

朝食やブランチに人気のかわいらしいレストラン。ワッフルにフレンチトースト、卵料理のほか、カップケーキはアイシング・デザインがキュートで密かな人気。週末ブランチは外で待つ人でいっぱい。

住所：159 Lexington Ave.　電話：212-481-3800
営：毎日 8:00-23:00　無休
http://www.penelopenyc.com

B EATALY
イータリー

イタリアのグルメ・ワールド

シェフ、マリオ・バッターリとの提携で誕生したグルメ・マーケット。パスタ、オリーブオイル、チーズ、精肉、魚介類、スイーツやコーヒー、キッチン用品まで揃い、レストランやエスプレッソバーも併設。

住所：200 5th Ave.　電話：212-229-2560
営：毎日 10:00-23:00（マーケット）無休
http://eatalyny.com

B Lomography Gallery Store
ロモグラフィー・ギャラリー・ストア

ロモグラフィーと一緒にNYを旅しよう

数々のロモグラフィー商品を手にとって見ることができるショップ＆ギャラリー。トイカメラならではの色合いや質感はほかに見ない面白さ。NYの街をロモグラフィーのフィルターにかけてみては？

住所：106 E.23rd St.　電話：212-260-0240
営：月-土10:30-21:00 日11:00-19:00　無休
http://www.lomography.com

観光名所とビジネス街は、ニューヨークのおへそ

Midtown

ミッドタウン

世界中の誰もが一度は訪れたいタイムズ・スクウェアに5番街、そしてエンパイア・ステート・ビル。マンハッタンのちょうど真ん中に位置するミッドタウンは、観光名所と高層ビルが集中しているビジネス街です。観光客相手のお店が多い中、ところどころに穴場が潜んでいるのが魅力。真っすぐ遠くまで続く、アベニューの景色にも目を向けながら歩いてみてください。

{ 主な観光スポット }

タイムズ・スクウェア	ブロードウェイ・ミュージカル劇場
5番街	セント・パトリック教会
ロックフェラー・センター	グランド・セントラル駅
トップ・オブ・ザ・ロック	ニューヨーク市立図書館
エンパイア・ステート・ビル	ブライアント・パーク
MOMA	国連本部

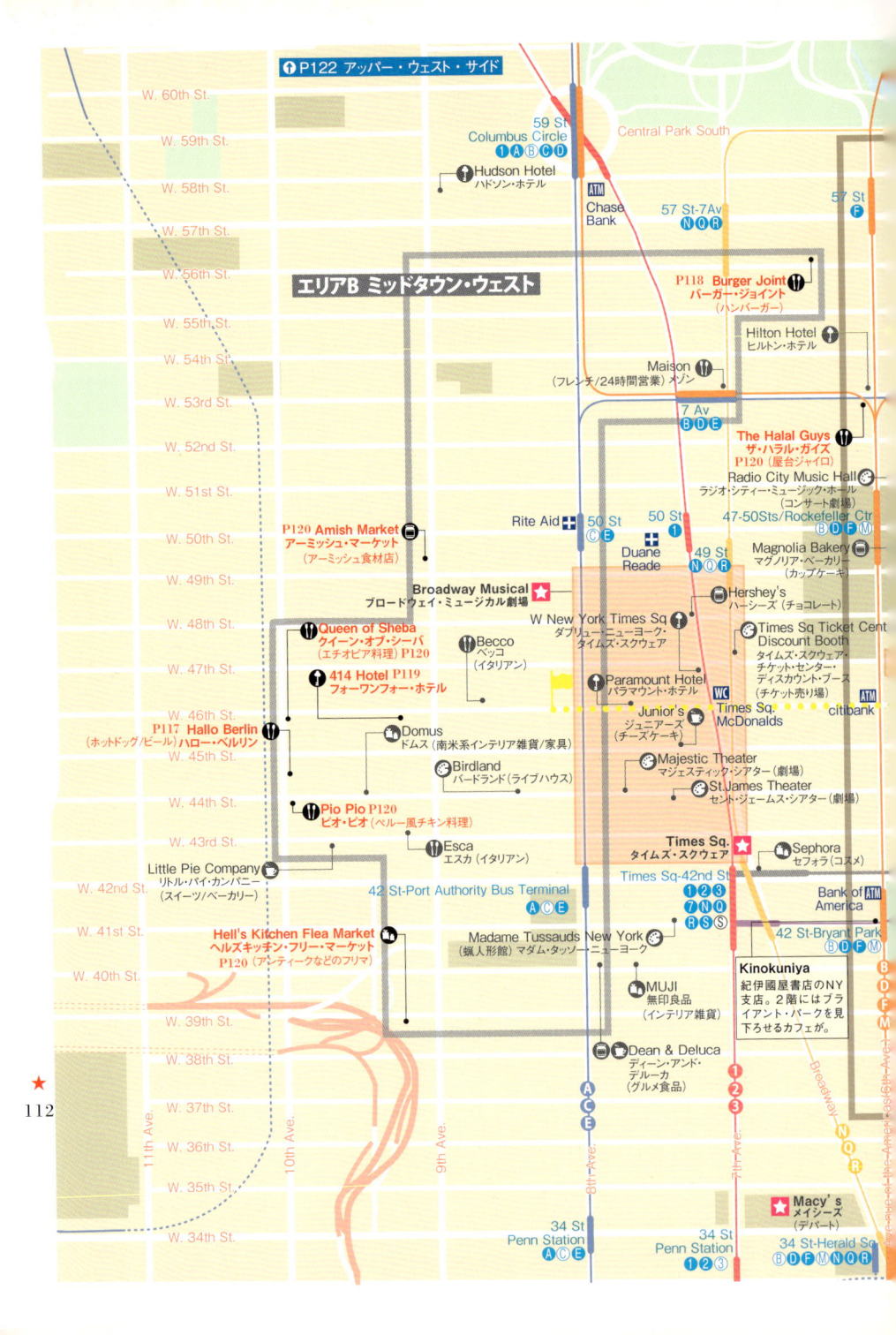

エリアB ミッドタウン・ウェスト

↑ P122 アッパー・ウェスト・サイド

59 St Columbus Circle ① Ⓐ Ⓑ Ⓒ Ⓓ

Central Park South

Hudson Hotel
ハドソン・ホテル

Chase Bank 🏧

57 St-7Av ⓃⓆⓇ

57 St Ⓕ

P118 Burger Joint
バーガー・ジョイント
(ハンバーガー)

Hilton Hotel
ヒルトン・ホテル

Maison
(フレンチ/24時間営業)メゾン

7 Av ⒷⒹⒺ

The Halal Guys
ザ・ハラル・ガイズ
P120 (屋台ジャイロ)

Radio City Music Hall
ラジオ・シティ・ミュージック・ホール
(コンサート劇場)

P120 Amish Market
アーミッシュ・マーケット
(アーミッシュ食材店)

Rite Aid ✚

50 St ⒸⒺ

50 St ①

47-50Sts/Rockefeller Ctr ⒷⒹⒻⓂ

Magnolia Bakery
マグノリア・ベーカリー
(カップケーキ)

Duane Reade

49 St ⓃⓆⓇ

Broadway Musical ★
ブロードウェイ・ミュージカル劇場

W New York Times Sq
ダブリュー・ニューヨーク・タイムズ・スクウェア

Hershey's
ハーシーズ (チョコレート)

Queen of Sheba
クイーン・オブ・シーバ
(エチオピア料理) P120

Becco
ベッコ
(イタリアン)

Times Sq Ticket Cent Discount Booth
タイムズ・スクウェア・チケット・センター・ディスカウント・ブース
(チケット売り場)

414 Hotel P119
フォーワンフォー・ホテル

Paramount Hotel
パラマウント・ホテル

WC

Times Sq. 🏧 citibank

P117 Hallo Berlin
(ホットドッグ/ビール) ハロー・ベルリン

Domus
(南米系インテリア雑貨/家具) ドムス

Junior's
ジュニアーズ
(チーズケーキ)

McDonalds

Majestic Theater
マジェスティック・シアター (劇場)

Birdland
バードランド (ライブハウス)

St James Theater
セント・ジェームス・シアター (劇場)

Pio Pio P120
ピオ・ピオ
(ペルー風チキン料理)

Esca
エスカ (イタリアン)

Times Sq. ★
タイムズ・スクウェア

Sephora
セフォラ (コスメ)

Little Pie Company
リトル・パイ・カンパニー
(スイーツ/ベーカリー)

Times Sq-42nd St ①②③⑦ⓃⓆⓇⓈ

Bank of America 🏧

42 St-Port Authority Bus Terminal ⒶⒸⒺ

Hell's Kitchen Flea Market
ヘルズ・キッチン・フリー・マーケット
P120 (アンティークなどのフリマ)

Madame Tussauds New York
(蝋人形館) マダム・タッソー・ニューヨーク

42 St-Bryant Park ⒷⒹⒻⓂ

Kinokuniya
紀伊國屋書店のNY支店。2階にはブライアント・パークを見下ろせるカフェが。

MUJI
無印良品
(インテリア雑貨)

Dean & Deluca
ディーン・アンド・デルーカ
(グルメ食品)

ⒶⒸⒺ

①②③

34 St Penn Station ⒶⒸⒺ

34 St Penn Station ①②③

★ **Macy's**
メイシーズ
(デパート)

34 St-Herald Sq ⒷⒹⒻⓂⓃⓆⓇ

Midtown

P123 アッパー・イースト・サイド

- The Plaza ザ・プラザ
- 5 Av/59 St
- Camper カンペール（靴）
- Apple Store アップル・ストア（パソコン）
- Lexington Av/59 St
- Bergdorf Goodman バーグドルフ・グッドマン（デパート）
- Miu Miu ミュウミュウ（ウィメンズ）
- Joe's Shanghai ジョーズ・シャンハイ（小籠包）
- Tiffany & Co ティファニー（ジュエリー）
- 5th Ave. 5番街（セントラルパーク寄り）セントラルパークからプラザホテル辺りの5番街は最もエレガントなエリア。
- Abercrombie & Fitch アバクロンビー・アンド・フィッチ（メンズ/ウィメンズ）
- Prada プラダ（メンズ/ウィメンズ）
- Henri Bendel ヘンリー・ベンデル（デパート）
- Momofuku Milk Bar P120 モモフク・ミルク・バー（スイーツ）
- La Bonne Soupe ラ・ボン・スープ（フレンチ/スープ）
- Manolo Blahnik マノロ・ブラニク（靴）
- MOMA ニューヨーク近代美術館
- 5 Av/53 St
- UNIQLO ユニクロ（メンズ/ウィメンズ）
- Lexington Av/53 St
- MOMA Design Store モマ・デザイン・ストア（インテリア雑貨）
- Duane Reade
- H&M エイチ・アンド・エム（メンズ/ウィメンズ）
- Cartier カルティエ（時計/ジュエリー）
- 51 St
- Coach コーチ（バッグ）
- St. Patrick's Cathedral セント・パトリック教会
- Saks Fifth Avenue サックス・フィフス・アベニュー（デパート）
- Anthropologie アンソロポロジー（ウィメンズ/インテリア雑貨）
- Dean & Deluca ディーン・アンド・デルーカ（グルメ食品）
- Rockefeller Center ロックフェラー・センター
- Top of the Rock トップ・オブ・ザ・ロック
- Barnes & Noble バーンズ・アンド・ノーブル（書店）
- United Nations 国連本部

エリアA ミッドタウン・イースト

- Diamond District ダイアモンド・ディストリクト ユダヤ系、インド系の宝石商人が集まり、宝石店がずらりと並ぶ通り。
- Rain or Shine レイン・オア・シャイン P120
- Grand Central Terminal グランド・セントラル駅 広々とした駅構内のステンドグラスや天井アートが美しい。
- The Algonquin Hotel ザ・アルゴンキン・ホテル
- Chipotle チッポーレ（メキシカン）
- Beer Table Pantry P145 ビア・テーブル・パントリー（ビール）
- 5 Ave-42 St
- Grand Central-42 St
- New York Public Library ニューヨーク市立図書館
- Bryant Park Grill ブライアント・パーク・グリル（ニューアメリカン）
- Tinsel Trading Company P116 ティンセル・トレーディング（手芸品）
- Café China P120 カフェ・チャイナ（中華/四川料理）
- The Morgan Library & Museum ザ・モルガン・ライブラリー & ミュージアム（美術館）P114
- The Complete Traveller Antiquarian Bookstore ザ・コンプリート・トラベラー・アンティクアリアン・ブックストア（書店）P116
- Bryant Park ブライアント・パーク コーヒーブレイクやランチ休憩に立ち寄りたいミッドタウンのオアシス。
- P99 グラマシー
- Pio Pio P120 ピオ・ピオ（ペルー風チキン料理）
- Empire State Building エンパイア・ステート・ビル
- 33 St
- 徒歩約15分

1:12,000
0　　100m

113

A Midtown East

エンパイアを取り巻くニューヨーク・ストーリー

近くで見るとよりいっそう存在感があるエンパイアを見上げながら5番街を歩いていると、はじめて見たときと同じように"ああ、ニューヨークにいるんだ"と思わせてくれる瞬間があります。テイクアウトを持ち寄ってブライアント・パークでのんびり人間ウォッチング、あるいはニューヨーク市立図書館に入って本の匂いに心を落ち着かせたり。喧噪の中にも、小さなサプライズが潜んでいます。

富豪の生活を垣間見られるミュージアム
The Morgan Library & Museum
ザ・モルガン・ライブラリー・アンド・ミュージアム

小さくても見応えある穴場の美術館といえば、実業家J.P.モルガン自身の邸宅と図書館を1924年に息子が一般公開したこのミュージアム。アート・コレクターとしても知られるモルガン氏が収集したコレクションが展示され、中世やルネサンス時代の作家や音楽家たちの直筆書物に原譜、中にはガリレオの手書き設計図、ベートーベンやモーツァルトのオリジナル楽譜の逸品も並びます。1階の総大理石ホールを挟んで左右に図書館と書斎があり、美術品のみならずきらびやかな装飾も圧巻。建築家レンゾ・ピアノが増築したカフェスペース、そして実際にモルガン一家が使っていたダイニングルームをレストランにしたThe Morgan Dining Roomも覗く価値あり。

天井画のほかに、書斎には迫力あるJ.P.モルガンJr.のポートレイトも。

225 Madison Ave. (at 36th St.)
New York, NY100　電話:212-255-3590
地下鉄 : 33 St ⑥, Grand Central-42 St ④⑤⑥⑦Ⓢ
営業日 : 火〜木10:30-17:00、金10:30-21:00、土10:00-18:00、日11:00-18:00
入館料:大人$12
カード : Visa, Master, Amex
http://www.themorgan.org

Midtown East

A

うっとりさせられる、光り輝く黄金の天井画。

クラフト好きにはたまらない手芸パーツ専門店
Tinsel Trading Company
ティンセル・トレーディング・カンパニー

お祖父さんがはじめた軍隊用装飾品を取り扱う老舗を、現オーナーのマーシャさんが引き継ぎ、今やハリウッド映画の衣装係や著名デザイナーをクライアントに持つ手芸用品店。リボンやビーズ、ボタン、オーナメントにカード、またコサージュやバッジのビンテージものも多く、見渡すだけで乙女心をくすぐる雑貨でいっぱい。特にデザイナーWendy Addisonコレクションにはうっとりしてしまいます。季節ごとのディスプレイも見もの！

リボン、布、造花リボン……カラフルなパーツや雑貨が目白押し。心のこもった小さなギフトも見つけられるはず。

1 W 37thSt. (btwn. 5th Ave. & 6th Ave.) New York, NY 10018
電話：212-730-1030　　地下鉄：34 St-Herald Sq ⒷⒹⒻⓂ
ⓃⓆⓇ, 42 St-Bryant Park ⒷⒹⒻⓂ
営業日：月-金9:45-18:00、土11:00-17:00　　定休日：日
カード：Visa, Master, Amex　　http://www.tinseltrading.com/

旅の途中に覗く、旅行書専門の本屋さん
The Complete Traveller Antiquarian Bookstore
ザ・コンプリート・トラベラー・アンティクアリアン・ブックストア

こぢんまりとした小さな本屋さんが少ないニューヨークで、1979年から続く旅行本専門の本屋さんがこちら。真っ赤な表紙がトレードマークのドイツのガイドブック"ベデガー"や昔の紀行文に地図、古いものは1800年代に遡る書物まで。世界中を旅したトラベルライターのオーナー、アーノルドさんとのおしゃべりも、旅の楽しさを再確認させてくれる大切な時間です。

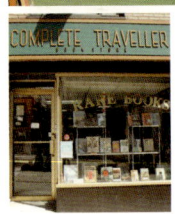

日本のガイドブックは1894年のものを発見！歴史を辿ってきた古本の手触りと香りが心地よく感じる、ミッドタウンの憩いの場。

199 Madison Ave. (at 35th St.)　New York, NY 10016
電話：212-685-9007
地下鉄：33 St ⑥, 34 St-Herald Sq ⒷⒹⒻⓂⓃⓆⓇ
営業日：月-金9:30-18:30、土10:00-18:00、日12:00-17:00
定休日：なし　　カード：Visa, Master, Amex
http://www.ctrarebooks.com/

Midtown West

"地獄のキッチン"の新しくやさしい素顔

「ウェスト・サイド・ストーリー」の舞台であるミッドタウン・ウェストのレストラン街、ヘルズ・キッチン。"地獄のキッチン"と物々しい名前を持ち、ひと昔前は治安悪化が懸念されたこの一帯も、ここ数十年で次々と高級コンドミニアムが建設され安全になりました。タイムズ・スクウェアやブロードウェイ劇場からも近く、数々のレストランが隣り合わせになっている、とても賑やかなエリアです。

ニューヨークで伝説のホットドッグをドイツビールと一緒に

Hallo Berlin
ハロー・ベルリン

ドイツ人が作る本場のwurst（ヴルスト）（ソーセージ）として、伝説のホットドッグ・スタンドとなった「ハロー・ベルリン」。今でも健在の54丁目＆5番街のベンダー（屋台）からレストランデビューしたこちらのお店では、ホットドッグに加えてドイツビールを堪能できるのだからこれはうれしいプラス。各メニューにはドイツ車の名前がついていて、一番人気はポークの「メルセデス」$7。

626 10th Ave. (btwn. 44th St. & 45th St.) New York, NY 10036
電話：212-977-1944　地下鉄：50 St Ⓐ Ⓒ Ⓔ
営業日：日〜木12:00-23:00、金土12:00-25:00　定休日：なし
料金：$5〜
カード：Visa, Master, Amex
http://halloberlinrestaurant.com/

天気の良い日には、店内奥のパティオや入口のテラス席に座ってソーセージ＆ビールで乾杯！左下がポークソーセージBratwurst（ブラットヴルスト）のメルセデス。

独特のムードがある落書きだらけの壁。

パテの焼き加減はミディアム・レアが人気。

秘密基地に潜む、クラシック・アメリカン・バーガー

Burger Joint 🍴

バーガー・ジョイント

ホテルLe Parker Meridien1階ロビーの片隅にある不思議な紫色の幕。その脇に薄暗い廊下があり、奥にはバーガーのネオンサインがキラリ。まるで秘密基地のような「バーガー・ジョイント」は、4つ星ホテルの中にB級グルメという面白い組み合わせで、クラシック・アメリカン・バーガーを提供しています。ここの魅力は、さすがにお肉勝負なだけあって旨味たっぷりのジューシーなパテ。レタス、トマト、玉ねぎ以外のトッピングはオプショナル。回転を速くするためオーダー手順にもうるさく、レジではハンバーガーかチーズバーガー、また焼き加減とトッピングをスピーディーに聞かれます。各言語で書かれた注文用紙もあるので入口付近でチェックして。

常に混雑、長蛇の列なので、オープン時が狙い目。

119 W 56thSt. (btwn. 6th Ave. & 7th Ave.) New York, NY 10107
電話：212-708-7414
地下鉄：57 St-7 Ave Ⓝ@Ⓡ、57 St Ⓕ
営業日：日〜木11:00-23:30、
金土11:00-24:00
定休日：なし
料金：$8〜　カード：Visa, Master, Amex
http://www.parkermeridien.com/eat4.php

Midtown West

陽あたりが良く、シンプルなインテリアの客室。

チャーミングなB&Bスタイルのブティック・ホテル
414 Hotel
フォーワンフォー・ホテル

タイムズ・スクウェアまで徒歩10分、劇場街の西に位置するこのホテルは赤いドアが目印のチャーミングなB&Bスタイルのブティック・ホテル。ふたつのタウンハウスからなるホテルの間には可愛らしい中庭が。無料サービスの朝食はもちろん、自由に使用できる1階キッチンで紅茶やコーヒーを作ってこの中庭や部屋に持ってくることも可能です。ちょうどいいサイズの部屋は、落ち着くシンプルモダンな雰囲気。ホテル全域にて無料WiFi、24時間フロント、各部屋にはテレビ、iPhone音楽プレイヤー、金庫も完備。ホテル近くの8th Ave.は賑やかなレストラン街なので人通りも多く、とはいえホテルの通りは静かなのも嬉しい点。女性のひとり旅にも安心して滞在できます。

左:煉瓦に赤いドアがキュートな入口。
右:NYらしい中庭での朝食で一日をスタート!

414 W 46th St. (btwn. 9th Ave. &10th Ave.)
New York, NY 10036
電話:212-399-0006
地下鉄:50 St ⓒⒺ、42-Port Authority Bus Terminal ⒶⒸⒺ　料金:$155〜
カード:Visa, Master, Amex
http://414hotel.com/

まだある！
Midtownのおすすめ

A The Halal Guys
ザ・ハラル・ガイズ

常に長蛇の列の屋台ケバブ

ラム肉の塊を回転させながら焼くお肉料理、Gyro（ジャイロ）（＝ドネルケバブ）。中でもヒルトンホテル前に2カ所あるこのベンダーがダントツ人気で、真夜中でも行列が。鶏肉入りのミックス・プラターがおすすめ。

住所：53rd St. & 6th Ave.　電話：212-481-3800
営：毎日19:00-29:00
http://53rdand6th.com

A Café China
カフェ・チャイナ

エキゾチックな上海にタイムトリップ

ミッドタウンに勤めるニューヨーカーのランチどころとして人気を高める新しい中華料理店。店内は1930年代の上海をイメージ、料理は点心から一品料理と本格的。レトロなインテリアや食器も魅力。

住所：13 E.37th St.　電話：212-213-2810
営：毎日11:30-22:30　無休
http://cafechinanyc.com

A Momofuku Milk Bar
モモフク・ミルク・バー

デビット・チャンの甘〜いスイーツ・カフェ

NYラーメンブームの火付け役となった韓国系アメリカ人シェフ、デビット・チャンのスイーツ・ショップ。ケーキやパイ、クッキーといったベーカリーを中心にアメリカンな甘さのお菓子をお届け。

住所：15 W.56th St.　電話：212-757-5878
営：毎日8:00-23:00　無休
http://www.momofuku.com

A Rain or Shine
レイン・オア・シャイン

NYで見つける想い出の傘

NYでは珍しい、傘専門ショップ。色鮮やかでキュートな柄が施されたものや、19世紀に"ファッション"として使われたパラソル風のものなど、雨の日をハッピーにしてくれそうな傘でいっぱい。

住所：45 E.45th St.　電話：212-741-9650
営：月−水10:00-18:00 木10:00-19:00 金土10:00-18:00
休：日　http://www.rainorshine.biz

B Queen of Sheba
クイーン・オブ・シーバ

包んで楽しいエチオピア料理

NYだからこそ世界中の料理を食べてみたい！という人におすすめのエチオピア料理店。何種類ものおかずを、酸っぱいエチオピア風クレープ、インジェラに包み、素手で料理を楽しもう。

住所：650 10th Ave.　電話：212-397-0610
営：日−木11:30-23:30 金土11:30-24:00　無休
http://www.shebanyc.com

B Pio Pio
ピオ・ピオ

ビールが進む、安くておいしいチキン！

マンハッタンに4店舗あるペルー・チキン専門のレストラン。マリネされたロースト・チキンと特製グリーン・ソースのマッチが絶妙。シェアにはライスや豆、サラダが付く"Matador Combo"（マタドール・コンボ）($32)を。

住所：604 10th Ave.　電話：212-459-2929
営：日−木11:00-23:00 金土11:00-24:00
http://www.piopio.com　他店舗：P113右下

B Amish Market
アーミッシュ・マーケット

アーミッシュ・カルチャーを感じる市場

くまなく見ると所々にアーミッシュ農場産の商品を発見するマーケット。量り売りの惣菜やスープも充実、さらに店内にはテーブルもあるので朝食やランチに便利。ロゴ入りエコバッグがかわいい。

住所：731 9th Ave.　電話：212-245-2360
営：月−金8:00-21:00 土日9:00-20:45　無休
http://amishmarketwest.com

B Hell's Kitchen Flea Market
ヘルズキッチン・フリー・マーケット

NYで一番大きなフリマで宝物探し

1976年から毎週末開催されているフリー・マーケット。アンティーク家具、古着、骨董品……。ガラクタ？と思えてしまうものまで何でもあり。思いがけない出逢いが待っているはず。

住所：W.39th St. (9th/10th Ave.)　電話：212-243-5343
営：土日9:00-17:00
http://hellskitchenfleamarket.com

セントラルパークを挟む、ふたつのアップタウン

Upper East Side & Upper West Side

アッパー・イースト・サイド＆アッパー・ウェスト・サイド

セントラルパークを挟んで東西にまたがるアッパー・イーストとウェスト。どちらも芸術、音楽、文化にゆかりの深い街で、博物館や美術館が集中しているエリアです。高級住宅街としても知られ、お散歩中のマダムやジョガー、ワンちゃんたちにも気品と優雅さを感じます。ダウンタウンとは違った時間の流れ方を楽しんでください。

{ 主な観光スポット }

セントラルパーク
メトロポリタン美術館
グッゲンハイム美術館
ホイットニー美術館
アメリカ自然史博物館
リンカーン・センター

エリアB アッパー・ウェスト・サイド

Barney Greengrass P131
バーニー・グリーングラス
(ベーグル/スモーク・フィッシュ)

French Roast P132
フレンチ・ロースト (フレンチ/24時間営業)

Good Enough to Eat
グッド・イナーフ・トゥー・イート (アメリカン)

Steven Alan Outpost P132
スティーブン・アラン・アウトポスト (メンズ/ウィメンズ)

Sarabeth's
サラベス (ブランチ/アメリカン)

Gourmet Supermarkets Visits
グルメスーパーめぐり
Zabar's、Citarella、Fairway、Trader Joe'sとグルメスーパーの激戦区。

Shake Shack
シェイク・シャック (ハンバーガー)

Hotel Beacon
ビーコン・ホテル

Hummus Place
ハムス・プレイス (イスラエル/中東系料理/ファラフェル)

Jonathan Adler P132
ジョナサン・アドラー (インテリア雑貨)

Salumeria Rosi
サルメリア・ロッシ (イタリアン食材) P130

La Terrine
ラ・テリーヌ (ポルトガルなどからの輸入食器)

Alice's Tea Cup Chapter I
アリズ・ティーカップ・チャプター・ワン (アフタヌーンティー)

The Dakota
ダコタ・ハウス

Butter Cup Bake Shop
バター・カップ・ベイク・ショップ (スイーツ)

Sabon
サボン (コスメ/石けん)

fresh
フレッシュ (コスメ)

UGG
アグ (ブーツ/靴)

Century 21
センチュリー・トゥエンティー・ワン (デパート/ファッション/インテリア)

Lincoln Center
リンカーン・センター

Bar Boulud
バー・ブルー (フレンチ・ビストロ)

ASIATE P128
アジアテ (アジアン・フュージョン) (マンダリン・オリエンタル・ホテル内)

Central Park
セントラル・パーク

American Museum of Natural History
アメリカ自然史博物館

Central Park Boathouse
(アメリカン) セントラル・パーク・ボートハウス

The Mall
ザ・モール
春夏秋冬美しいセントラルパーク内の並木道。自転車レンタルサービスも公園内にあり。

Strawberry Fields
ストロベリー・フィールズ
公園内にあるジョン・レノンの追悼メモリアル。彼が住んでいたダコタ・ハウス近くの入口からすぐ。

Tavern on the Green Food Trucks
タバーン・オン・ザ・グリーン・フードトラックス
伝説的レストラン、タバーン・オン・ザ・グリーンの閉店後、同じエリアにグルメなフードトラックが集結。テラスに座って楽しめる（冬期の営業は不特定）。

Time Warner Center
タイム・ワーナー・センター
NYでは珍しい巨大ショッピングセンター。地下のWhole Foodsでランチを買ってセントラルパークでピクニックを。

P112 ミッドタウン・ウェスト

Upper East Side & Upper West Side

Museum Mile (on 5th Ave.)
ミュージアム・マイル
美術館が立ち並ぶセントラルパーク沿いの5番街。周辺住民に交ざってお散歩を。

エリアA　アッパー・イースト・サイド

- Guggenheim Museum / グッゲンハイム美術館
- Café Sabarsky P124 / カフェ・サバースキー (オーストリアン・カフェ)
- Banes & Noble
- Duane Reade
- Le Pain Quatidien / ル・パン・コティディアン (ベーカリー)
- US Post Office
- Dean & Deluca / ディーン・アンド・デルーカ (グルメ食品)
- TD Bank
- Lexington Candy Shop P127 / レキシントン・キャンディ・ショップ (ダイナー)
- Petit Bateau / プチ・バトー (子供服)
- J. Leon Lascoff & Son P132 / ジェイ・レオン・ラスコフ & サン (コスメ/ドラッグストア)
- Metropolitan Museum / メトロポリタン美術館
- De Vera P46 / デ・ヴェラ (ジュエリー/アートオブジェ)
- Eli's Manhattan
- Bank of America
- Vera Wang / ヴェラ・ワン (ブライダル)
- The Mark Hotel / ザ・マーク・ホテル
- Butterfield Market
- Lenox Hill Hospital
- The Carlyle / ザ・カーライル
- Sur La Table / スー・ラ・テーブル (キッチン用品/食器)
- Joe Malone / ジョー・マローン (香水)
- Mode
- Boathouse
- Bemelmans Bar P132 / ベーメルマンス・バー (バー)
- Citarella
- Whitney Museum / ホイットニー美術館
- Organic Avenue / オーガニック・アベニュー (ローフード/オーガニック・ジュース)
- Via Quadronno P132 / ヴィア・クアドローノ (エスプレッソ/パニーニ)
- Calypso St. Barth / カリプソ・セントバース (リゾートウェア/ウィメンズ)
- marimekko / マリメッコ (ウィメンズ/インテリア)
- CVS
- Polo Ralph Lauren / ポロ・ラルフ・ローレン (メンズ/ウィメンズ)
- Chase Bank
- Roberta Roller Rabbit P127 / ロベルタ・ローラー・ラビット (インテリア雑貨/リゾート服)
- Corrado Bread And Pastry / コラド・ブレッド・アンド・ペーストリー (ベーカリー/デリ)
- French Sole P132 / フレンチ・ソール (フラットシューズ)
- Lumi / ルミ (イタリアン)
- Roberta Freymann / ロベルタ・フレイマン (ウィメンズ/アクセサリー)
- L'Occitane / ロクシタン (コスメ)
- Neils Coffee Shop / ネールズ・コーヒー・ショップ (コーヒー/紅茶)
- Metro Drugs
- 68-Hunter College
- starbucks
- citibank
- Lululemon Athletica / ルルレモン・アスレティカ (ヨガウェア)
- Lexington Av/63 St
- Tender Buttons P126 / テンダー・ボタンズ (ボタン)
- Barney's New York / バーニーズ・ニューヨーク (デパート)
- Lexington Av/59 St
- 59 St
- Bloomingdale's / ブルーミングデールズ (デパート)
- 5 Av/59 St
- P113 ミッドタウン・イースト

徒歩約15分

1:14,000　0　200m

A Upper East Side

彼と歩きたい、
大人のロマンティック・マイル

ドラマ"Gossip Girl"の舞台でもあるニューヨークイチの高級住宅街で、著名人や生粋のお金持ちニューヨーカーが住むエレガントなエリアです。セントラルパーク沿いの5番街は、"ミュージアム・マイル"と呼ばれる美術館通り。公園の横顔を眺めながら、彼と一緒に心に残るポエティックなお散歩を。そのあとは、一度は乗りたいイエローキャブをつかまえてウェスト・サイドへ。

オーストリアのアートと食に触れるクラシックなカフェ
Café Sabarsky
カフェ・サバースキー

メトロポリタン美術館から数ブロック先、クリムトやエゴン・シーレの作品が展示されているドイツ・オーストリア系美術館Neue Galarie(ノイエ・ギャラリー)。その1階に、建築家オット・ワグナー作のバラ模様のソファやレトロな焦げ茶色の壁など、昔のウィーンを彷彿とさせるクラシックなカフェが併設されています。ザッハトルテやアップルシュトゥルーデルのほか、新鮮なイチゴを使った上品なストロベリームースケーキのErdbeer-Hollunder Mousse Torte(エルドベア-ホランダー・ムース・タルト)、濃厚なのに程よい甘さが絶妙チョコレートケーキ各種も。フードメニューにある"Bratwurst"(ブラットヴルスト)というウィーン風ローストソーセージも驚くおいしさです。美術館へ行かずカフェだけでも入れるのでディナーにもおすすめ。

アッパー・イースト在住のおばさま方もこのカフェの常連さん。

1048 5th Ave. (at 86th St.)
New York, NY 10028
電話：212-288-0665
地下鉄：86 St ④⑤⑥
営業日：月・水 9:00-18:00、
木–日 9:00-21:00　定休日：火
料金：$9〜
カード：Visa, Master, Amex
http://kg-ny.com/cafe-sabarsky

Upper East Side

クラシック・ヨーロピアンを感じさせる佇まい。

絶妙の甘さがうれしいストロベリー・ムースケーキ。

90年代はポップアーティストが集まる"サロン"だったのだとか。　ありとあらゆる形のユニークなボタンたち。

ひとつひとつに潜む、小さなボタン物語
Tender Buttons
テンダー・ボタンズ

床から天井までぎっしりと壁一面に重ねられたボタンの箱。世界中から集められた様々な色、形、素材のボタンが並び、古いものは19世紀のアールヌーボーや1920年代のカフリンクスまで。見たこともないユニークなボタンが、まるで宝石のように保管されています。1940年代、故ダイアナさんとミリセントさんのふたりが通っていたお気に入りのボタン屋が閉店することになり、ならばふたりでその店を購入しようとはじまったのが「テンダー・ボタンズ」。店名は、アートコレクターとしても知られるユダヤ系アメリカ人作家ガートルード・スタインのエッセイ"テンダー・ボタン"から名付けられたもの。誰よりもボタンを愛するオーナーの"小さな宝石"たちをぜひ覗いてみてください。

ゴールドの大きなボタンの看板が目印。閑静なアッパー・イーストにひっそりと佇んでいます。

143 E.62nd St. (btwn. Lexington Ave. & 3rd Ave.) New York, NY 10065
電話：212-758-7004
地下鉄：Lexington Ave/63 St Ⓕ、Lexington Ave/59 St ⓃⓆⓇ、59 St ④⑤⑥
営業日：月–金10:30-18:00、土 10:30-17:30
定休日：日
http://tenderbuttons-nyc.com/

Upper East Side

アッパー・イーストならではのリゾート風ライフスタイル
Roberta Roller Rabbit
ロベルタ・ローラー・ラビット

エキゾチックな国への旅にインスパイアされるデザイナー、ロベルタ・フレイマンさんのブランドは、洗練されたアップタウンのエレガンスに似合うリゾート・ライフスタイルを演出します。アフガニスタンやインドの民族衣装"Kurta（クルタ）"をモデルに、モダン・ツイストを加えてオリジナルプリントファブリックで作られるチュニックは、当ブランドのシグネチャー・アイテム。

キッチン用品、バッグ、エプロンからベビー服と、1年中リゾート気分を味わえるお店。アッパー・イーストのファミリーが集まります。

1019 Lexington Ave. (at 73rd St.) New York, NY 10021
電話：212-772-7200
地下鉄：77 St ⑥、68 St-Hunter College ⑥
営業日：月-金10:30-18:30、土11:00-18:00（8月は月-金のみ）
定休日：日（8月は土、日）
カード：Visa, Master, Amex　http://robertarollerrabbit.com/

レトロな空気が漂う1940年代のアメリカン・ダイナー
Lexington Candy Shop
レキシントン・キャンディー・ショップ

古き良きアメリカを感じさせる年季の入った老舗ダイナー。「物心ついた頃には毎日ここにいたよ」と語る現オーナー、ジョンさんのお祖父さんがキャンディ屋として1925年にオープンして以来、親子3代にわたってパンケーキやオムレツなどの"アメリカン・コンフォート・フード"を提供してきました。レトロなアメリカン・ダイナーを経験してみたい人はぜひ！

左：昔ながらのレシピで作る麦芽パウダー入りモルト・ミルクシェイクとフレンチ・トースト。

1226 Lexington Ave. (at 83rd St.) New York, NY 10028
電話：212-288-0057
地下鉄：86 St ④⑤⑥
営業日：月-土7:00-19:00、日9:00-18:00　定休日：なし
料金：$5〜　カード：Visa, Master, Amex
http://lexingtoncandyshop.net/

B Upper West Side

普段着のニューヨークをそのまま感じて

映画"When Harry Met Sally"や"You've Got Mail"の舞台になったアッパー・ウェスト。イーストよりも生活感があり、Zabar's、Citarella、Trader Joe'sなどのグルメスーパーの激戦区でもあります。地元ニューヨーカー気分でスーパーのはしごをしたら、街中をぶらぶら。お気に入りのベーグルをテイクアウトして、セントラルパークでピクニックも楽しいでしょう。

セントラルパークの絶景を眺めて食するフュージョン料理
ASIATE
アジアテ

エントランスをくぐった瞬間に心奪われるセントラルパークとアッパー・イーストの美景。マンダリン・オリエンタル・ホテル35階のアジアテは、日系アメリカ人シェフ、キダさんによる芸術的なアジアン・フュージョンを堪能できる高級レストランです。ランチなら3コース$34とお得な上に、日中にこそ見えるセントラルパークの景色を満喫でき、さらに毎月メニューが変わるので季節のメニューとして旬の食材をいただくことができます。ここのシンボルでもある"ワインの壁"にも注目。床から天井までぎっしりと詰まったワインセラーには2000本以上のワインが保存されています。想い出作りのひとつとして、ちょっぴり贅沢なニューヨークを味わってみてはいかがでしょう？

80 Columbus Cir. 35th Fl. (at Broadway & W.60th St.) New York, NY 10023
電話：212-805-8881
地下鉄：59St-Columbus Circle ①ⒶⒷⒸⒹ, 57 St-7 Av ⓃⓆⓇ
営業日：毎日7:00-10:30/12:00-14:00 (土日は11:30から)/18:00-22:00 (日は21:00まで)
定休日：なし
料金：ランチ：$34 (3コース)、ブランチ$54 (3コース)、ディナー：$85 (3コース)、$125 (7コース)
カード：Visa, Master, Amex
http://www.mandarinoriental.com/newyork/dining/asiate

Upper West Side

レストランからの眺めはニューヨークの中でも絶景を誇る。

ひじき、さやえんどうを添えた帆立とスカンピのソテー、ココナッツ・ソース。

フレンドリーなスタッフに気軽に試食を頼んでみよう。

イタリアのサルーミメーカー直営グルメ・ダイニング
Salumeria Rosi
サルメリア・ロッシ

サラミや生ハムを中心にイタリア輸入食材を販売するサルメリア＝食肉加工品ショップ。イタリアの高級サルーミメーカー、パルマコットと提携しているだけに、カウンターには本格的なサラミ、プロシュート、ソーセージが20種類以上もラインナップ。塩加減、熟成期間、スパイス、脂分により味わいが異なるプロシュートは迷ってしまうので、興味のあるものから味見してみましょう。奥の小さなスペースはダイニングバーになっていて、定評のあるイタリア人シェフ、チェザレ・カセラさんがトスカーナ地方の郷土料理を中心に、小皿料理に腕を振るいます。そこでランチ、あるいは気に入った生ハムをテイクアウトしパンに挟んでホテルで朝食もスマートです。

ハム・サラミの盛り合わせプレート（$20）はシェアにおすすめ。大通りに面しているテラス席も気持ちがいい。

283 Amsterdam Ave. (btwn. 73rd St. & 74th St.) New York, NY 10023
電話：212-877-4800
地下鉄：72 St ①②③
営業日：毎日 11:00-23:00
定休日：なし
料金：$7〜
カード：Visa, Master, Amex
http://salumeriarosi.com/

Upper West Side

時間の重みを感じる純粋な雰囲気の店内。　　NYに来たら食べたいスモークサーモンのベーグルサンド

1908年創立のユダヤ系スモーク・フィッシュ専門店
Barney Greengrass
バーニー・グリーングラス

創業はなんと1908年という、100年の歴史を誇るユダヤ系デリ。ハーレムから今の場所に移ったのは1929年ですが、ユダヤ人が好んで食べるスモークサーモン、スモークチョウザメの専門店として、創業者バーニーさんから息子のモーさん、そして現オーナー・ゲリーさんの親子3代がこの道一筋で営んできた老舗有名店。レトロな雰囲気を持つ店内はデリとレストランに分けられ、デリのショーケースには数々のスモークフィッシュやオリーブ、キャビアなどグルメ食材がずらり。人気の定番メニューはやはりスモークサーモンベーグルで、マイルドな冷燻サーモンとH&Hベーグル、そしてクリームチーズが絶妙のマッチ。ちょっぴり高めですがお味は間違いないので、行く価値ありです。

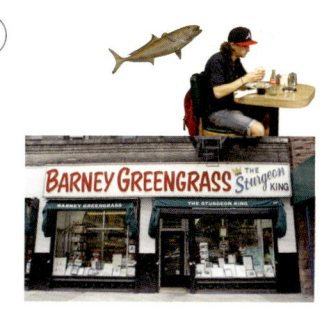

数々の映画の撮影も行われた歴史的建物のひとつ。ウィンドーには著名人の写真も。

541 Amsterdam Ave. (btwn. 86th St. & 87th St.) New York, NY 10024
電話：212-724-4707
地下鉄：86 St ①⑧©
営業日：火～日8:30-18:00　定休日：月
料金：$7～
カード：Visa, Master, Amex
http://barneygreengrass.com/

まだある！
Upper East Side & Upper West Side のおすすめ

A　Bemelmans Bar
ベーメルマンス・バー

1930年代のベーメルマンスの世界へ
絵本『マドレーヌ』の作者、ルードヴィッヒ・ベーメルマンスの壁画があるバー。カーライル・ホテル内にあり、クラシックな雰囲気で大人の時間を満喫。

住所：35 E.76th St.　電話：212-744-1600
営：毎日12:00-17:30（ランチ）17:30-23:30（バー＆スナック）ジャズ演奏：演奏時間はHPにて確認。
無休　http://thecarlyle.com

A　Via Quadronno
ヴィア・クアドローノ

気軽に寄れる本格イタリアン・カフェ
朝食、ランチ、ティー、ディナーと終日オープンしているアッパーイーストきっての人気カフェ。東京にも店舗がありますが、本場アッパーイースト店の雰囲気とパニーニを味わってみて。

住所：25 E.73rd St.　電話：212-650-9880
営：月－金 8:00-23:00　土9:00-23:00　日10:00-21:00
無休　http://viaquadronno.com

A　French Sole
フレンチ・ソール

履き心地抜群のバレエ・シューズ
創業20年を数えるフラットシューズ専門の小さな靴屋さん。素材や質にこだわった履き心地の良さは、雑誌やセレブの間でも話題に。メトロポリタン美術館から近く、キュートなピンクの外観が目印。

住所：985 Lexington Ave.　電話：212-737-2859
営：月－金 10:00-19:00　土11:00-18:00　日12:00-17:00
無休　http://frenchsoleshoes.com

A　J. Leon Lascoff & Son
ジェイ・レオン・ラスコフ・アンド・サン

1899年創業の歴史的なドラッグ・ストア
木製アンティーク・キャビネットが並ぶ店内、吹き抜けになっている2階にはたくさんの写真が飾られ、1900年代当時のドラッグ・ストアの雰囲気を味わえる。ソープや香水、他では見かけないユニークなコスメも多く販売している。

住所：1209 Lexington Ave.　電話：212-288-9500
営：月－金8:30-18:30　土10:00-17:30　休：日

B　Hummus Place
ハムス・プレイス

ハムスを囲んでベジタリアン料理
ひよこ豆のディップ"ハムス"を主役に、様々なイスラエル料理を楽しめるレストラン。ハムスはもちろん、ファラフェルやラタトゥイユのような卵入りシチュー Shakshukaがおいしい。

住所：305 Amsterdam Ave.　電話：212-799-3335
営：毎日10:30-24:00　無休
http://www.hummusplace.com

B　French Roast
フレンチ・ロースト

24時間営業のカジュアル・フレンチ
昼間はカフェ、夜はビストロになるカジュアルな24時間営業のフレンチ・レストラン。客層も様々なので、観光客や女性ひとりでも行きやすいのが魅力。ウェスト・ビレッジにも店舗あり。

住所：2340 Broadway　電話：212-799-1533
営：24時間営業、時間によって別メニュー　無休
http://www.frenchroastny.com

B　Steven Alan Outpost
スティーブン・アラン・アウトポスト

注目ブランドをアウトレット価格で
ダウンタウン・スタイルを代表するセレクトショップ、スティーブン・アランのアウトレット。シーズンオフのアイテムをリーズナブルな価格で購入でき、靴やアクセサリーの品揃えも豊富。

住所：465 Amsterdam Ave.　電話：212-595-8451
営：月－土11:00-19:00　日11:00-18:00
http://www.stevenalan.com

B　Jonathan Adler
ジョナサン・アドラー

カラフルでハッピーなNYのインテリア
デザイナーのジョナサン・アドラーが手がけるインテリア・ショップは色鮮やかなカラーと遊び心あふれるデザインが詰まった宝箱。陶芸家でもある彼がデザインする"ユートピア・シリーズ"もぜひ。

住所：304 Columbus Ave.　電話：212-787-0017
営：月－土10:00-19:00　日12:00-18:00　無休
http://www.jonathanadler.com

橋の向こうは、ブルックリン

Brooklyn-Williamsburg & Park Slope

ブルックリン – ウィリアムズバーグ＆パーク・スロープ

マンハッタンのダウンタウンから橋を渡れば、そこはもうブルックリン。はじめての人には、どんな場所？と思われがちですが、多くのクリエイターやファミリー層が住むことで有名なエリアです。のんびりとした空気の中、新しいライフスタイルの発信地として、マンハッタンとは違う価値観で進化を見せています。

{ 主な観光スポット }

ウィリアムズバーグ・ブリッジ

ブルックリン・ブリュワリー

ウィリアムズバーグ・アート＆ヒストリカル・センター

ブルックリン美術館

プロスペクト・パーク

ボタニカル・ガーデン

エリア A ウィリアムズバーグ

Ferry Terminal
フェリー乗り場
マンハッタンの対岸に位置するEast River Ferry乗り場。ベンチに座って夕陽をバックに絶景を眺めてみよう。

Bedford Ave.
ベッドフォード・アベニュー
ウィリアムズバーグの散歩はここからスタート。ショップやレストランが立ち並ぶ目抜き通り。

Brooklyn Flea P136
ブルックリン・フリー
（フリー・マーケット、4～10月の場所）

Brooklyn Brewery
ブルックリン・ブリュワリー

Hotel Delmano P148
ホテル・デルマーノ（バー）

Jumelle
ジュメル（セレクトショップ）

Hotel Williamsburg
ホテル・ウィリアムズバーグ

Beacon's Closet
ビーコンズ・クローゼット（古着）

El Beit エル・ベイト
（コーヒー）

Brooklyn Industries
ブルックリン・インダストリーズ（ウィメンズ／メンズ）

Radish ラディッシュ（グルメ食品／サンドウィッチ）

JUNK P148
ジャンク（アンティーク家具／雑貨）

Buffalo Exchange
バッファロー・エクスチェンジ（古着）

P137 Bakeri
ベーカリ（スイーツ／コーヒー）

New York Muffins
ニューヨーク・マフィンズ（スイーツ）

Khim's Millenium Market

Bagel Smith
ベーグル・スミス（ベーグル）

The Future Perfect
ザ・フューチャー・パーフェクト（インテリア）

CVS（雑貨／ジュエリー）

Red Pearl レッド・パール

Juliette ジュリエッテ（ブランチ／卵料理）

catbird キャットバード（ジュエリー）P135

Bedford Cheese Shop
ベッドフォード・チーズ・ショップ（チーズ／グルメ食品）

Duane Reade
Chase Bank

Blue Bottle Coffee ブルー・ボトル・コーヒー（コーヒー）

egg エッグ

Spoonbill & Sugartown Booksellers
スプーンビル・シュガータウン・ブックセラーズ（本）

Whisk ウィスク（キッチン用品）

Pates Et Traditions
パテス・エテュ・トラディションズ（クレープ）

Capital One Bank

P148 Brooklyn Art Library
ブルックリン・アート・ライブラリー（アートショップ／ライブラリー）

Williamsburg Food Market

Saltie サルティー（サンドウィッチ）

P52 Café De La Esquina
カフェ・デ・ラ・エスキーナ（メキシカン）

Mast Brothers Chocolate
マスト・ブラザーズ・チョコレート（チョコレート）

Fette Sau フェッテ・ソウ（BBQ＆ビアガーデン）P139

Duane Reade
HSBC

P139 Moon River Chattel
ムーン・リバー・チャテル（生活雑貨／家具）

Samurai Mama サムライ・ママ（うどん）

Portmanteau
（アンティーク雑貨／ボードマンテュ）

Bird バード P142
（セレクトショップ）

Charlie and Sam
（セレクト）チャーリー・アンド・サム

Supercore スーパーコア（コーヒー／軽食）

La Superior
ラ・スペリオリー（メキシカン）

P138 Maison Premiere
（オイスター・バー）メゾン・プレミエ

P148 Rabbithole
（ビストロ）ラビットホール

East River Bar
イースト・リバー・バー（バー／ビリヤード）

Brook Farm General Store
ブルック・ファーム・ジェネラル・ストア（雑貨／キッチン用品）

Williamsburg Bridge
ウィリアムズバーグ・ブリッジ

Marlow & Sons
（アメリカン）マーロウ・アンド・サンズ

P55 ロウアー・イースト・サイド

DINER
（アメリカン）ダイナー

Peter Luger Steak House
ピーター・ルーガー・ステーキ・ハウス（ステーキ）

Williamsburg Art & Historical Center
ウィリアムズバーグ・アート＆ヒストリカル・センター

Hasidic Jewish Community
ユダヤ人街
ハシディズム派という信仰心の篤いユダヤ教徒たちが住むエリア。独特の格好と文化が興味深い。

1:16,000
0　　　200m

徒歩約15分

A Williamsburg

工場地帯に生まれた
ヒップなバイブ

10年前は工場地帯でしたが、マンハッタンの家賃高騰を理由にアーティストたちが移り住んできたエリア。なにげないシーンが絵になるおしゃれなカフェ、レストラン、ショップが連なり、どこかアングラ的な魅力もあるのが特徴です。Bedford Ave.を中心にぐるりと一周、あるいはLESで自転車レンタルをして橋を渡って行くのも楽しい一日となるでしょう。

思わずうっとり、ニューヨーク生まれのジュエリーたち

catbird
キャットバード

繊細なデザインと感性豊かなアイデアがぎゅっと詰まった、乙女のためのジュエリーショップ。ニューヨークのローカルデザイナー商品を多く取り扱い、ジュエリーのほかにもカードやキャンドル、小物類も販売。主張しすぎないチャーミングなダイアモンド・ジュエリーがブルックリンナイツの間で人気で、最近はここで婚約・結婚指輪を購入するカップルも増えています。心に残るニューヨーク生まれのジュエリーと出逢えるかも！

219 Bedford Ave. (btwn. N.4th St. & N.5th St.)
Brooklyn, NY 11211
電話：718-599-3457　地下鉄：Bedford Av Ⓛ
営業日：毎日12:00-20:00　定休日：なし
http://catbirdnyc.com/

お店自体が宝石箱のように小さくキュート。ひとつひとつ丁寧に作られたハンドメイド・ジュエリーは個性的なデザインが魅力。

アンティーク家具の向こうはウィリアムズバーグ・ブリッジ。　懐かしい音を奏でるレトロ・アメリカンのアンティーク雑貨。

ブルックリンナイツたちの週末の楽しみ方
Brooklyn Flea
ブルックリン・フリー

近年マンハッタンのフリー・マーケットが減少しつつある中、フリマ本来の活気をブルックリンで取り戻そうと2008年に学校の校庭からスタートしたブルックリン・フリー。毎週土日に2カ所に分けて開催され、こちら日曜のウィリアムズバーグはマンハッタンからもアクセスできるイーストリバーフェリー乗り場のすぐ近く（4〜10月）。アンティーク家具・雑貨、ビンテージ服のほかにローカル・アーティストたちによるハンドメイド・クラフトと、昔ながらのフリマと新しい要素が融合したマーケットになっています。ちなみに土曜日には同じ場所でSmorgasburg（スモーガスバーグ）というフード専門の別のフリマが開催。マンハッタンの景色を見渡せるイーストリバー・フェリーに乗って、掘り出し物を探しに行きましょう。

マンハッタンを一望できるイーストリバー・フェリーに乗って行ってみよう！

【4〜10月】27 N.6th St. (btwn. Kent Ave. & East River) Brooklyn, NY 11211
開催日：毎週日曜10:00-17:00
地下鉄：Bedford Av ⓛ
【11〜3月】は屋内のSkylight One Hansonで開催（地図P140）
開催日：土日10:00-17:00
http://www.brooklynflea.com/

Williamsburg

かわいらしい雰囲気とパンの香りに誘われて
Bakeri
ベークリ

南仏のカフェを思わせる店内ではパンをこねるキッチンも覗くことができ、ここでパンにジャム、そしてすべてのスイーツが作られています。ブリオッシュ、チャバッタ、ブルーベリー・マフィンにラベンダー・ショートブレッド……甘い誘惑が止まりません。食器やブルーのつなぎユニフォームもほかにはないセンスの良さ。天気の良い日には、おいしいコーヒーと一緒に外のガーデンでとっておきカフェタイムを。

150 Wythe Ave. (btwn. N.7th St. & N.8th St.)
Brooklyn, NY 11211
電話：718-388-2337　地下鉄：Bedford Av Ⓛ
営業日：毎日8:00-19:00　定休日：なし
http://www.bakeribrooklyn.com/

こぢんまりとかわいらしく、パリのベーカリーのような雰囲気。日本人の口にも合う甘さ控え目のブルーベリー・マフィンはおすすめ。

マスト兄弟のチョコはメイド・イン・ブルックリン
Mast Brothers Chocolate
マスト・ブラザーズ・チョコレート

ふたりして顎ヒゲがトレードマークのリック&マイケル兄弟が、アパートの一室から趣味ではじめたチョコレートショップ。ドミニカ共和国やマダガスカルの最高品質のカカオ豆を仕入れ、仕分けから板チョコへの型作り、さらにラッピングまですべて手作業。砂糖などの原料も国産品を厳選し、そのこだわりはまさにクラフトマンシップの結晶です。ファクトリー見学も併せてどうぞ。

105A N.3rd St. (btwn. Berry St. & Wythe Ave.)
Brooklyn, NY 11211
電話：718-388-2625　地下鉄：Bedford Av Ⓛ
営業日：火–日12:00-19:00　定休日：月
http://mastbrothers.com/　見学はオンラインで予約：http://www.brownpaperticket.com/event/212629

上：こちらがマスト兄弟。
左：センス抜群の包装紙も彼らのチームがデザイン。

U字形のおしゃれバーにギャルソン風スタイルのバーテンダー。　　　牡蠣はビネガーをつけてつるっと一口で。

ニューオーリンズ風ガーデンで、心ゆくまでオイスターを
Maison Premiere
メゾン・プレミエ

ニューオーリンズでも歴史の深い地区、フレンチ・クウォーターにインスパイアされたオイスター・バー。奥には中庭もあり、クラシック・アメリカンのロマンスを感じさせる中、新鮮な生牡蠣やロブスターを堪能できます。多い日は30種類以上もある牡蠣はアメリカ、カナダ各地から仕入れられ、さらにここは本格派カクテルでも有名で、ゴッホやヘミングウェイなどの芸術家たちに愛された幻のお酒 "アブサン" を使ったカクテル数はアメリカイチ。アルコール度が高い薬草系リキュールなのでクセがありますが、ツウに言わせると牡蠣との相性は抜群とのこと。ミントジュレップやスパークリングワインも飲みやすくておすすめです。ベストは牡蠣がひとつ$1のハッピーアワー（月〜金の16〜19時）で乾杯！

緑いっぱいに囲まれた中庭でいただくオイスターは格別！

298 Bedford Ave. (btwn. S.1st St. & Grand St.) Brooklyn, NY 11211
電話：347-335-0446
地下鉄：Bedford Av Ⓛ
営業日：月−金16:00-28:00、
土−日12:00-28:00　定休日：なし
http://maisonpremiere.com/

Williamsburg

食べたい分だけ注文するビアガーデンつきBBQ
Fette Sau
フェッテ・ソウ

お肉好き、ビール好きにはたまらないビアガーデンつきのBBQレストラン。ドイツ語でFat Pigという意味のこのお店は、スモークされた豚肉をメインにソーセージ、リブなどお肉を食べたいだけ計量注文してレジで会計するセルフサービスのレストラン。ポンドで注文しますが、目分量でお肉数切れやひとつかみ＝one scoop（ワン・スクープ）とオーダーしてもOK。ビールの種類も豊富で、この開放感とダイナミックさはアメリカならでは。

354 Metropolitan Ave. (btwn. Havemeyer St. & Roebling St.) Brooklyn, NY 11211
電話：718-963-3404　　地下鉄：Bedford Av Ⓛ
営業日：月－金 17:00-23:00、土日 12:00-23:00
定休日：なし　　http://www.fettesaubbq.com/

好きなお肉を好きなだけ注文する新しい感覚のお店。ボリュームたっぷりなので、シェアがおすすめです。相性抜群の生ビールも忘れずに！

モダンアンティークなライフスタイルを提供する雑貨店
Moon River Chattel
ムーン・リバー・チャテル

レトロ・アメリカンを感じさせるノスタルジックな生活雑貨ショップ。洋食器、グラス、リネンなどのキッチンアイテムをはじめ1920年代のアンティーク家具も揃い、"古き良きアメリカ"を代表する画家、ノーマン・ロックウェルの世界のよう。ランプの修理や木製床のカスタム・オーダーも行い、近所の人たちにとって頼れる存在でもあります。目抜き通りから離れたところにあるのも隠れ家としての魅力。

62 Grand St. (btwn. Wythe Ave. & Kent Ave.) Brooklyn, NY 11211
電話：718-388-1121　　地下鉄：Bedford Av Ⓛ
営業日：火－土12:00-19:00、日12:00-17:00　　定休日：月
http://moonriverchattel.com/

レトロ・アメリカンの懐かしい香りが漂う店内。家具や食器が所狭しと並べられている。

エリアB パーク・スロープ

- **Skylight One Hanson** P136
  スカイライト・ワン・ハンソン
  （11月〜3月のフリー・マーケット開催場所）
- Atlantic Av
- Pacific St
- **Bump Brooklyn**
  バンプ・ブルックリン
  （マタニティ・ファッション）
- **EPONYMY**
  エポネミー
  （アンティーク洋服）
- Canaille Bistro
  キナイル・ビストロ
  （フレンチ）
- The Chocolate Room
  ザ・チョコレート・ルーム
  （チョコレート）
- Bergen St.
- Emcon Pharmacy Inc
- **St.Kilda** P148
  セント・キルダ（ジュエリー）
- **BKLYN Larder** P144
  ブルックリン・ラーダー（チーズ/惣菜/食品）
- Franny's
  フラニーズ（イタリアン）
- Beacon's Closet
  ビーコンズ・クローゼット（古着）
- Key Food
- Duane Reade
- Flirt
  フラート（セレクトショップ）
- 7 Av
- A.Cheng
  エー・チェン（セレクトショップ）
- **Gorilla Coffee** P148
  ゴリラ・コーヒー（コーヒー）
- Grand Army Plaza
- Eastern Pkwy / Brooklyn Museum
- Bogota Latin Bistro
  ボゴタ・ラテン・ビストロ（ラテン・アメリカン）
- The Brooklyn Public Library
- Brooklyn Museum
  ブルックリン美術館
- **Cog & Pearl** P141
  コグ＆パール（ブルックリン・ブランド雑貨）
- Tea Lounge
  ティー・ラウンジ（カフェ）
- **Pink Olive** P72
  ピンク・オリーブ（インテリア/ギフト）
- Brooklyn Industries
  ブルックリン・インダストリーズ（メンズ/ウィメンズ）
- Union St.
- Associated Supermarket
- **Al Di La** P143
  （イタリアン）アル・ディ・ラ
- Community Bookstore
  コミュニティー・ブックストア（書店）
- Botanical Garden
  ボタニカル・ガーデン
- Trois Pommes Patisserie
  トロワ・ポムズ・パティセリー（スイーツ）
- Scaredy Kat
  スケーディ・キャット（文房具/カード）
- **Brownstone Apartments**
  ブラウンストーンの街並み
  石造りの住宅が並ぶ閑静な高級住宅街。由緒ある街並みが続く。
- Blue Ribbon Brooklyn
  ブルー・リボン・ブルックリン（ニュー・アメリカン）
- Moutarde
  ムータルド（レストラン/カフェ）
- **Stained Glass Store**
  ステンド・グラス・ストア
  P148（ステンド・グラス）
- The Clay Pot
  ザ・クレイ・ポット（ジュエリー）
- US Post Office
- **Prospect Park**
  プロスペクト・パーク
  ブルックリンナイツに愛される大きな公園。Long Meadowの芝生でのんびりとゴロゴロしてみよう。
- **bird** P142
  （セレクトショップ）バード
- 'sNice P96
  スナイス（コーヒー/朝食）
- Stone Park Café
  ストーン・パーク・カフェ（アメリカン）
- Rite Aid
- Barnes & Noble
- Bank of America
- 9 St
- McDonalds
- Emporium Fresh Market
- 4 Av
- CVS
- 7 Av
- The UPS Store
- **Bed & Breakfast on the Park**
  ベッド＆ブレックファースト・オン・ザ・パーク
- **Crespella** P148
  クレスペラ（イタリアン・クレープ）
- Union Market
- **Beer Table** P145
  （ビール・バー）ビア・テーブル
- 徒歩約15分
- Prospect Av
- Homebody Boutique
  ホームボディ・ブティック（ギフトショップ）

1:16,000
0　　200m

B Park Slope

もっと知りたい
素顔のブルックリン

ブルックリンのセントラルパークと言われるプロスペクト・パークのすぐそばとあり、ファミリー層に人気のエリアです。昔からの大通り7th Aveや、近年目覚ましい盛り上がりを見せる5th Ave.では、マンハッタンにない個性的なショップ、こだわりのレストラン、地域密着型コミュニティを肌で感じられます。1本道を真っすぐ進むバスに乗って、今までとは違ったニューヨークを味わってください。

ブルックリンの注目ローカル・デザインの宝庫
Cog & Pearl
コグ・アンド・パール

セスさん&クリスティンさん夫婦が経営する家族向けインテリア雑貨ショップ。デザインと品質にこだわり、ハンドメイド・ジュエリーやクッション、子供服など、ブルックリン・デザイナーの商品を中心に取り扱っています。愉快な極小フィギュアが中に入ったTwig.(トゥウィッグ)のテラリウムやCoral & Tusk(コーラル・アンド・タスク)の繊細な刺繍デザインが施されたリネンクッションは特に人気の注目アイテム。ブルックリン・ブランドをチェックしたい人は必見です。

190 5th Ave. (at Sackett St.) Brooklyn, NY 11217
電話：718-623-8200
地下鉄：Union st Ⓡ, Bergen St ②③
営業日：火〜土12:00-20:00、日12:00-18:00　定休日：月
http://cogandpearl.com/

注目のブルックリン発ローカル・デザイナーの商品がずらり。自分の部屋のアクセント、またはデザイン好きの人へのギフトに。

141

アパレルと一緒にアート作品も販売 陽あたりも良く、つい長居してしまう居心地のよい空間。

ブルックリンのクリエイターにも大人気のセレクトショップ

bird 鳥
バード

バーニーズ・ニューヨークとスティーブン・アランでバイヤーをしていた目利きのジェンさんが、1999年に第一号店をオープンしたのがこちらの「バード」。パーク・スロープ、コッブル・ヒル、そしてウィリアムズバーグと、今やブルックリンに3店舗も構えるブルックリンベースのセレクトショップです。シンプルにさりげなく、どこか工夫とこだわりを見せるのがブルックリンスタイルのおしゃれであり、Steven Allan、A.P.C.、Rag & Boneなどがその代表格。インテリアの観葉植物やソファが居心地よく、リラックスした空間の中でショッピングを楽しめます。クリエイターも多く住むこのエリアで、彼らのライフスタイルに合ったおしゃれというのが「バード」なのかもしれません。

小物や靴、ジュエリーも充実。ブルックリン・ブランドの雑貨も取り揃えています。

316 5th Ave. (btwn. 2nd St. & 3rd St.)
Brooklyn, NY 11215
電話：718-768-4940
地下鉄：4 Av Ⓕ Ⓖ, 9 St Ⓡ, Union St Ⓡ
営業日：月〜土11:00-19:00、
日12:00-18:00　定休日：火
http://shopbird.com
他店舗：ブルックリン内に2店（地図P134）

Park Slope

ランチは人が少なめで優雅な雰囲気。

ウサギの煮込み料理 "Braised Rabbit" はここの人気メニュー。

旬な食材を生かす本格派トラットリア
Al Di La

アル・ディ・ラ

マンハッタンからやってくるファンと地元人であふれる北イタリア・ヴェネト州料理のレストラン。木のテーブルや煉瓦など自然のぬくもりを感じるインテリアは、ナチュラルな雰囲気を意味する "Rustic Italian"（ラスティック・イタリアン）という言葉にぴったり。はじまりはシェフのアナさんが旅したイタリアでエミリアノさんと出逢い恋に落ち、その後ふたりでブルックリンに移り住んでレストランを開いたというなんともスウィートなストーリー。旬の野菜と季節に合わせたメニューを常に作り替え、イタリア仕込みのアナさんのテクニックで素材そのものの旨味を引き出します。季節のサラダやビーフ・カルパッチョ、ウサギの煮込み料理がこちらのシグネチャー・ディッシュ。予約を取らないので、早めに行くのがキーです。

色鮮やかな黄色と赤の外観が目印。隣には同じフードメニューを楽しめるワインバー、Al Di La Vino も。

248 5th Ave. (at Carroll St.)
Brooklyn, NY 11215
電話：718-783-4565
地下鉄：Union St Ⓡ
営業日：月〜金12:00-15:00/18:00-22:30（金は-23:00）、土日11:00-15:30/17:30-23:00（日は17:00-22:00）
定休日：なし
http://www.aldilatrattoria.com/

目移りしてしまうお惣菜やベーカリーは公園のベンチでも。　　チーズは、気になるものからテイスティングを。

グルメ・キュレーターが選ぶ、よりすぐり食品

BKLYN Larder

ブルックリン・ラーダー

パーク・スロープにある人気イタリアン・レストランFranny'sのオーナーが経営するおしゃれデリは、まさに食のキュレーター的存在。ジャムにはちみつ、キャラメルやキャンディ、チーズにドライフルーツ……見渡す限り"グルメ"で埋め尽くされているこのお店には、お土産にも喜ばれる厳選商品がいっぱいです。生産量の少ないレアなヨーロッパ・チーズのほかアメリカ産チーズも多く販売し、サンドウィッチやお惣菜もあるのでテイクアウトもしくはダイニング・スペースでいただくことも可能。そしてお高いけれどクセになってしまうのが、クリーミーさがたまらないホームメイド・ジェラート（＄9）。豚のデザインがかわいいオリジナル・エコバッグもチェックを。

ジェラートはピスタチオ味やハニー・マスカルポーネチーズ味がおすすめ。

228 Flatbush Ave. (btwn. Dean St. & Bergen St.) Brooklyn, NY 11217
電話：718-783-1250
地下鉄：Bergen St ②③、7 Av ⒷⓆ
営業日：月〜土10:00-21:00、日10:00-20:00　定休日：なし
http://www.bklynlarder.com/

Park Slope

テイスティング・サンプルのドラフトはシェアすると楽しい。

ビールを極めたオーナーのこだわりの一杯
Beer Table
ビア・テーブル

ビール好きなら行きつけのバーとして通いたくなる、レアものが揃ったビール・バー。ビールの輸入業者だったジャスティンさんが奥さんと一緒に4年前にスタートし、ビールを知り尽くす彼ならではのセレクトと、気軽に立ち寄れるこぢんまりとした雰囲気が人気の秘密です。個性豊かな世界のクラフトビールを中心にボトルは25種類、ドラフトは日替わりで6〜8種類。ドラフトは小さなサイズのテイスティング・サンプルを約$20で楽しめ、強い黒ビールからアロマティックなフレーバービールまで、めずらしいものが勢揃い。ビールに合う食事も定評があり、自家製ドライフルーツやピクルスプレート、そしてしっかりと食べられるディナーは3コース$25。ビール販売のみのグランドセントラル店もあり。

煉瓦の壁やガラス瓶など、オーナーのこだわりが随所に感じられる店内。

427B 7th Ave. (btwn. 14th St. & 15th St.)
Brooklyn, NY 11217
電話:718-965-1196
地下鉄:7 Av Ⓕ Ⓖ
営業日:毎日17:00-25:00　定休日:なし
http://beertable.com/
他店舗:グランド・セントラル駅内 (P113)

Column
ブルックリンの暮らし

ウィリアムズバーグ・ブリッジ、そしてブルックリン・ブリッジを越えた向こう岸の街、ブルックリン。一歩足を踏み入れると、高層ビルの代わりに大きな空が出迎えてくれ、人々もどこかのんびり。マンハッタンにいたことを忘れるくらい、リラックスした空気が漂います。

ニュー・アムステルダム時代、オランダの地名Breuckelen(ブルーケレン)が由来で誕生したブルックリンは、ロウアーマンハッタンの対岸だったことから工業地帯として発展しました。その昔、"ブルックリン市"でもあったこの街は独自性が強く、生粋のブルックリンナイツは出身地を聞かれると、ニューヨークではなく"I'm from Brooklyn."と答えると言います。かつては危険だったブルックリンも今や治安が改善され、独特の開放感と価値観とともにさまざまな場所で新しい進化を見せています。ショッピング、グルメ、そして"ブルックリン・スタイル"のライフスタイルを求めて、たくさんのアーティストや家族層が集まる街となりました。

彼らの生みだすライフスタイルは、地元密着から生まれる独創的な "Quality of Life"。本質的なもの、オーガニックなものを中心に、ゆとりある生活を送るライフスタイル。トレンドにとらわれないおしゃれなショップが並び、地元産にこだわったレストランや、大量生産ではなくハンドメイドで作られるブルックリン・ブランドなど、家族、コミュニティーにとって大切なことを見極めて暮らしています。

マンハッタンへは橋を渡って自転車通勤。アパートの屋上にはハーブや野菜を育てる家庭菜園。週末には家の前でヤードセールをしたり、友だちを呼んでのんびりとホームパーティー。マンハッタンに住んでいた人も、結婚してブルックリンに引っ越すことが多いのだそうです。

都会の勢いがあるマンハッタンに比べ、さりげない自然体の暮らしを好むブルックリン。独自のライフスタイルと誇りを持つブルックリン・スタイルは、これからも進化し続けることでしょう。

147

\まだある！/
Brooklyn のおすすめ

A　Rabbithole
ラビット・ホール

ウィリアムズバーグのひっそりディナー

うさぎの穴というチャーミングな名前を持つビストロ・カフェ。朝はコーヒーとマフィンを、ブランチにはNYで有名なエッグス・ベネディクトを、そしてディナーにはフレンチ風創作料理を。

住所：352 Bedford Ave.　電話：718-782-0910
営：月–金9:00-23:00 土日9:00-24:00　無休
http://Rabbitholebakery.com

A　Hotel Delmano
ホテル・デルマーノ

ホテルという名のバーでアートなカクテル

アンティーク家具を使った、ブルックリンらしいクラシックな雰囲気のカクテル・バー。アートとも言えるこだわりカクテルを楽しめ、日によってはゲストDJによるファンク、ソウル・ミュージックも。

住所：82 Berry St.　電話：718-387-1945
営：月–木 17:00-25:30 金17:00-26:30 土14:00-26:30 日14:00-25:30　無休　http://www.hoteldelmano.com

A　JUNK
ジャンク

"ガラクタ"の中からお宝を探し出す

半地下にあるビンテージ・ショップには、家具にレコード、雑貨に食器、本などが所狭しと並び、JUNKなお宝と出逢えるチャンス。同じビル2階にはチェーンの古着屋"Buffalo Exchange"が。

住所：197 N.9th St.　電話：718-640-6299
営：毎日9:00-21:00　無休
http://motherofjunk2.blogspot.com

A　Brooklyn Art Library
ブルックリン・アート・ライブラリー

アイデアが詰まったアートショップ

アーティストのお部屋のようなライブラリー＆アートショップには、クレヨンやノート、古いはんこにフィルム・リールを入れるビンテージ箱など、珍しい雑貨がいっぱい。気の利いたギフト探しにも。

住所：103A N.3rd St.　電話：718-388-7941
営：毎日12:00-20:00　無休
http://shop.brooklynartlibrary.com

B　Crespella
クレスペラ

イタリア系のお食事クレープ

パーク・スロープ発のイタリアン・クレーピー。ひよこ豆粉で作ったクレープに、モッツァレラやリコッタ、プロシュート、バルサミコ酢といったイタリアン食材を合わせた新感覚の味わいが特徴。

住所：321 7th Ave.　電話：718-788-2980
営：毎日7:00-22:00　無休
http://www.crespellabk.com

B　Gorilla Coffee
ゴリラ・コーヒー

コーヒー好きへ贈るブルックリン土産

ネーミングと真っ赤なゴリラのパッケージがNYらしいブルックリン生まれのオーガニック・コーヒー店。NYのスーパーやほかのカフェでも売られていますが、香り高い自家焙煎のコーヒーをぜひ本店で。

住所：97 5th Ave.　電話：718-230-3244
営：月–土7:00-21:00 日8:00-21:00　無休
http://gorillacoffee.com

B　St.Kilda
セント・キルダ

心のこもった手作りジュエリー

人気セレクトショップでも見かけるジュエリー・ブランドSt.Kildaの路面店。ビンテージライクなデザインと天然素材のクオリティーにこだわったハンドメイド・ジュエリーは特別な存在になるはず。

住所：71 5th Ave.　電話：718-398-4459
営：月–金12:00-19:00 土12:00-18:00 日12:00-17:00
http://www.stkildajewelry.com

B　Stained Glass Store
ステンド・グラス・ストア

ブラウンストーンの建物に似合うグラス

アンティークと同じクオリティーのステンド・グラスを造り続ける職人さんのお店。修理や製作も店内で行われているので工房のようなお店ですが、気軽に立ち寄ってクラフトマンシップに触れてみて。

住所：300 5th Ave.
電話：718-768-7964
営：月–木・土 11:00-17:30 金11:00-16:00　休：日

New York English ～ニューヨークの英語～

世界中の人々が住むニューヨークは、色々な訛り(なま)をもった英語が飛び交い、どんな英語でも通じてしまう自由な場所。出身国や人種によって、またブルックリン、ブロンクス、クイーンズといったコミュニティー間でもアクセントに違いがあると言われています。中でもニューヨーク独特の訛りとして根強く残っているのが、かつて多くのイタリア系移民が移住したブルックリンで形成されたイタリア系ニューヨーカー訛り。その特徴は声が大きく、勢いがあり、太い音。"R"の発音は舌を丸めず、発音や言葉を省略することもあります。そして、忙しくせっかちなニューヨーカーの英語は、歯切れがよく手短かでストレート。ここでは、ニューヨークでよく耳にするリアルなNew York Englishをご紹介します。

ニューヨーク・アクセント

New York = New Yawk
ニューヨーク
"new"はヌーに近い発音、
"R"は舌を丸めず、"ヌーヤゥク"。

Hi, How are you? = Hi, How you doin'?
調子はどうだい？
"are"を省いて、"ハウ・ユー・ドゥイン？"。
最後の"g"もあまり発音しない。

Would you like to have some coffee? = Would you like some cawfee?
コーヒーはいるかい？
"to have"を省いて手短かに。
コーヒーは、"クゥオフィ"。

See you later! = I'll tawk to you!
またね！
"see you"よりも"talk to you"をよく使う。
トークは、"トゥオク"。

街の中で

Subway
地下鉄

Cab
イエローキャブ（タクシー）

Uptown
所在地より北

Downtown
所在地より南

Alphabet City
イースト・ビレッジにあるAvenue A, B, C, D

Avenue of the Americas
6th Avenue

The city
マンハッタン

★所在地から一番近い地下鉄の駅を知りたいとき
Where is the closest subway station from here?
ここから一番近い駅はどこですか？

★電車が目的地に行くかどうか確認したいとき
Does this go to SOHO?
この電車はSOHOへ行きますか？

★マンハッタンの街中で、アップタウン
（もしくはダウンタウン）の方向を知りたいとき
Which way is uptown (downtown)?
どちらがアップタウン（もしくはダウンタウン）ですか？

★街中で会話をした人とお別れするとき
It was great talking to you.
お話しできて、楽しかったです。

★想い出に残るような出逢いをしたとき
"It was wonderful (lovely) to meet you!"
あなたに出逢えてよかったです！※lovelyは女性に。

お店で

★店員さんに"Can I help you?"と
声をかけられ、「見ているだけ」と答えたいとき
I'm just browsing.
見ているだけです。

★商品を手に取って見たいとき
（指を差しながら聞く）
Can I see this?
こちら、見てもいいですか？

★デリなどで商品名がわからず、
指で示して"欲しい"と伝えるとき
Can I get one of those?
こちらをひとつ、いただけますか？

I'll take this.
これをください。

★ベーグルとクリームチーズを
別々に包んでもらいたいとき
Can you give me the cream cheese on the side?
クリームチーズは別にしてもらえますか？

★お店やレストランで写真を撮りたいとき
Could I take a photo here?
ここで写真を撮ってもいいですか？

タクシーで

★タクシーの料金メーターが作動しておらず、
オンにしてもらうとき
Can you turn on the meter?
メーターをオンにしてもらえますか？

★タクシーに乗って、行き先を告げるとき
Can you go to 3rd Avenue between 13th Street and 14th Street?
13ストリートと14ストリートの間の
3アベニューに行ってください。

★行き先が角地の場合
61st Street and Madison Avenue, please.
マディソン・アベニューの61ストリートへ
お願いします。

★料金（メーター）が$15で$20を渡し、
チップ込みのおつり$3を返してほしいとき
Can I have 3 dollars back?
お釣りを3ドルください。

レストランで

★事前予約したホテルやレストランで
確認をとるとき
Hi, my name is Eriko, I have a reservation at 8pm.
8時に予約をしたエリコです。

★注文をしたいとき
We're ready to order.
注文していいですか？

★一皿の量を知りたいとき
How big is this dish?
Is it OK to share?
この料理は、どのくらいの量ですか？
シェアできますか？

★レストランで食事後、会計をするとき
Check, please?
お会計をお願いします。

★レストランで食事後、「いかがでしたか？」と聞かれたとき
It was fantastic!
素晴らしかったです！

ニューヨーカーの一言

Where are you from?
「どこから来たの？」

世界中から人が集まるニューヨークで、会話のきっかけになる一言。

There's nothing like New York!
「ニューヨークにかなうものはないわね！」

I hate it here but I love it here!
「嫌いにもなるんだけど、でもやっぱりニューヨークが好きなのよ！」

Oh, New York, New York.
「もう、ニューヨークったら」

ニューヨーカーがニューヨークにあきれながらも、ほめたたえる言葉。

Anything can happen in this city.
「この街は、何でもありなのよ」

Well, it's New York.
「そりゃ、ここはニューヨークだもの」

街中で起きたびっくりエピソードを聞いて一言。

I was born here,
raised here and I die here!
「私はここで生まれ、育ち、そしてここで死ぬの！」

アッパー・イースト在住、生粋ニューヨーカーのおばさまが残した名言。

ニューヨーク・アクセント映画

"Moonstruck" 月の輝く夜に
by Norman Jewison (1987)

"Working Girl" ワーキングガール
by Mike Nichols (1988)

"The Godfather" ゴッドファーザー
by Francis Ford Coppola (1972)

"Frankie & Johnny"
恋のためらい/フランキーとジョニー
by Garry Marshall (1991)

"Sex and the City"
セックス・アンド・ザ・シティ (2008)

ジャンル別索引

🍴 レストラン

16	Bridge Cafe	アメリカン	ロウアー・マンハッタン
22	Table Tales	アメリカン	ロウアー・マンハッタン
22	Harry's Café	アメリカン・ステーキ	ロウアー・マンハッタン
22	Crepes Du Nord	クレープ	ロウアー・マンハッタン
22	Luke's Lobster	ロブスター・サンドウィッチ	ロウアー・マンハッタン
22	Delmonico's	アメリカン・ステーキ	ロウアー・マンハッタン
26	Nom Wah	飲茶	チャイナタウン
28	Nyonya	アジア料理	チャイナタウン
35	Tiny's and the bar upstairs	アメリカン	トライベッカ
36	Mei Li Wah Bakery	パン／飲茶	チャイナタウン
36	A-Wah Restaurant	香港風釜飯	チャイナタウン
36	Apotheke	バーラウンジ	チャイナタウン
36	Smith & Mills	アメリカン／ラウンジ	トライベッカ
36	Plein Sud	フレンチ	トライベッカ
36	Locanda Verde	イタリアン	トライベッカ
48	Torrisi Italian Specialties	イタリアン	ノリータ
52	La Esquina	メキシカン	ソーホー＆ノリータ
52	Balaboosta	中東／地中海	ノリータ
60	The Ten Bells	地中海タパス	ロウアー・イースト・サイド
61	Yonah Schimmel's Knishes	ユダヤ料理：クニッシュ	ロウアー・イースト・サイド
62	The Fat Radish	イギリス料理	ロウアー・イースト・サイド
63	Baohaus	台湾風サンドウィッチ	ロウアー・イースト・サイド
66	Brown Café	オーガニック・アメリカン	ロウアー・イースト・サイド
66	Frankies Spuntino 17	イタリアン	ロウアー・イースト・サイド
70	Cafe Mogador	モロッコ料理	イースト・ビレッジ
73	Caracas Arepa Bar	ベネズエラ料理	イースト・ビレッジ
80	PORCHETTA	サンドウィッチ	イースト・ビレッジ
80	The Bourgeois Pig	バーラウンジ	イースト・ビレッジ
80	Paprika	イタリアン	イースト・ビレッジ
80	Zabb Elee	タイ	イースト・ビレッジ
80	McSorley's Old Ale House	バー	イースト・ビレッジ
86	Pizza Roma	ピザ	ウェスト・ビレッジ
88	Buvette	フレンチ／イタリアン・タパス	ウェスト・ビレッジ
92	Taïm	ファラフェル／スムージー	ウェスト・ビレッジ
96	Joseph Leonard	アメリカン	ウェスト・ビレッジ
96	Café Asean	アジア料理	ウェスト・ビレッジ
96	Mary's Fish Camp	シーフード	ウェスト・ビレッジ
106	Don's Bogam	韓国焼肉	グラマシー
107	230 Fifth	バー	グラマシー
110	tbsp	軽食／ブランチ	グラマシー
110	Penelope	ワッフル／アメリカン	グラマシー
110	EATALY	イタリアン食材／レストラン	グラマシー
117	Hallo Berlin	ホットドッグ／ビール	ミッドタウン
118	Burger Joint	ハンバーガー	ミッドタウン
120	The Halal Guys	屋台ジャイロ	ミッドタウン

120	Café China	中華／四川料理		ミッドタウン
120	Queen of Sheba	エチオピア料理		ミッドタウン
120	Pio Pio	ペルー風チキン料理		ミッドタウン
127	Lexington Candy Shop	ダイナー		アッパー・イースト・サイド
128	ASIATE	アジアン・フュージョン		アッパー・ウェスト・サイド
131	Barney Greengrass	ベーグル／スモーク・フィッシュ		アッパー・ウェスト・サイド
132	Bemelmans Bar	バー		アッパー・イースト・サイド
132	Hummus Place	イスラエル／中東系料理／ファラフェル		アッパー・ウェスト・サイド
138	Maison Premiere	オイスター・バー		ウィリアムズバーグ
139	Fette Sau	BBQ＆ビアガーデン		ウィリアムズバーグ
148	Rabbithole	ビストロ		ウィリアムズバーグ
148	Hotel Delmano	バー		ウィリアムズバーグ
143	Al Di La	イタリアン		パーク・スロープ
145	Beer Table	ビール・バー		パーク・スロープ
148	Crespella	イタリアン・クレープ		パーク・スロープ

カフェ

18	FIKA Espresso Bar	スウェーディッシュ・カフェ	ロウアー・マンハッタン
22	Financier Patisserie	フレンチ菓子	ロウアー・マンハッタン
36	Tribeca Treats	カップケーキ／スイーツ	トライベッカ
44	epistrophy	コーヒー／サルディーニャ料理	ソーホー＆ノリータ
52	Ceci Cela Patisserie	フレンチカフェ	ノリータ
52	McNally Jackson Books	書店／カフェ	ノリータ
52	Housing Works Bookstore Café	書店／カフェ	ノリータ
58	BabyCakes NYC	ビーガン・カップケーキ	ロウアー・イースト・サイド
66	Sugar Sweet Sunshine Bakery	カップケーキ	ロウアー・イースト・サイド
66	Cake Shop	コーヒー／ライブハウス	ロウアー・イースト・サイド
77	Podunk	スコーン／アフタヌーンティー	イースト・ビレッジ
80	Abraço	コーヒー	イースト・ビレッジ
95	Doma Café	コーヒー／軽食／ジャズライブ	ウェスト・ビレッジ
96	'sNice	コーヒー／朝食	ウェスト・ビレッジ
96	Café Minerva	コーヒー／イタリアン	ウェスト・ビレッジ
100	Lady Mendl's Tea Salon	ハイティー	グラマシー
120	Momofuku Milk Bar	スイーツ	ミッドタウン
124	Café Sabarsky	オーストリアン・カフェ	アッパー・イースト・サイド
132	Via Quadronno	エスプレッソ／パニーニ	アッパー・イースト・サイド
132	French Roast	フレンチ／24時間営業	アッパー・ウェスト・サイド
137	Bakeri	スイーツ・コーヒー	ウィリアムズバーグ
148	Gorilla Coffee	コーヒー	パーク・スロープ

グルメショップ

14	New Amsterdam Market	青空マーケット	ロウアー・マンハッタン
16	Pasanella and Son, Vintners	ワインショップ	ロウアー・マンハッタン
42	MarieBelle New York	チョコレート	ソーホー
47	Despaña	スペイン食材	ソーホー＆ノリータ
66	The Sweet Life	キャンディー／お菓子	ロウアー・イースト・サイド
87	O&CO	オリーブ・オイル	ウェスト・ビレッジ
90	McNulty's Tea & Coffee	紅茶／コーヒー	ウェスト・ビレッジ

96	Mary's Fish Camp	シーフード	ウェスト・ビレッジ
104	Kalustyan's	スパイス	グラマシー
110	EATALY	イタリアン食材／レストラン	グラマシー
120	Amish Market	アーミッシュ食品店	ミッドタウン
130	Salumeria Rosi	イタリアン食材	アッパー・ウェスト・サイド
137	Mast Brothers Chocolate	チョコレート	ウィリアムズバーグ
144	BKLYN Larder	チーズ・惣菜・食品	パーク・スロープ

ファッション

30	No.6 store	クロッグ／ウィメンズ	チャイナタウン
34	Otte	ウィメンズ	トライベッカ
43	The Hat Shop	帽子	ソーホー
50	Only Hearts	下着／ウィメンズ	ノリータ
52	Sweet William	子供服	ソーホー＆ノリータ
52	Erica Tanov	ウィメンズ／子供服	ノリータ
61	The Dressing Room	ウィメンズ／バー	ロウアー・イースト・サイド
66	Honey in the Rough	ウィメンズ・セレクトショップ	ロウアー・イースト・サイド
66	Maryam Nassir Zadeh	ウィメンズ・セレクトショップ	ロウアー・イースト・サイド
72	Cloak & Dagger	ウィメンズ／アンティーク服	イースト・ビレッジ
80	Elliot Mann	ウィメンズ	イースト・ビレッジ
92	Geminola	リメイク服	ウェスト・ビレッジ
96	Mick Margo	ウィメンズ	ウェスト・ビレッジ
96	TOCCA	ウィメンズ	ウェスト・ビレッジ
102	Journelle	ランジェリー	グラマシー
132	French Sole	フラットシューズ	アッパー・イースト・サイド
132	Steven Alan Outpost	メンズ／ウィメンズ	アッパー・ウェスト・サイド
142	bird	セレクトショップ	パーク・スロープ

雑貨

22	Bowne & Co. Stationers	文房具	ロウアー・マンハッタン
32	Philip Williams Posters	ポスター	トライベッカ
35	Adeline Adeline	自転車	トライベッカ
36	Kamwo	漢方	チャイナタウン
40	Loopy Mango	手芸／インテリア	ソーホー
46	De Vera	ジュエリー／アートオブジェ	ソーホー＆ノリータ
52	B4 It Was Cool	アンティーク・ランプ	ノリータ
59	TOP HAT	インテリア雑貨	ロウアー・イースト・サイド
66	Wendy Mink Jewelry	ジュエリー	ロウアー・イースト・サイド
72	Pink Olive	インテリア雑貨／ギフト	イースト・ビレッジ
74	John Derian	インテリア雑貨／食器／文房具	イースト・ビレッジ
76	Surma The Ukrainian Shop	ウクライナ雑貨	イースト・ビレッジ
80	The Future Perfect	インテリア	イースト・ビレッジ
84	Greenwich Letterpress	デザイン文具	ウェスト・ビレッジ
91	Soapology	石けん	ウェスト・ビレッジ
96	Aedes De Venustas	香水	ウェスト・ビレッジ
102	Fishs Eddy	食器／キッチン用品	グラマシー
110	ABC Carpet & Home	インテリア雑貨	グラマシー
110	Lomography Gallery Store	アートギャラリー／ショップ	グラマシー

116	Tinsel Trading Company	手芸品	ミッドタウン
120	Rain or Shine	傘	ミッドタウン
120	Hell's Kitchen Flea Market	アンティークなどのフリマ	ミッドタウン
126	Tender Buttons	ボタン	アッパー・イースト・サイド
127	Roberta Roller Rabbit	インテリア雑貨／リゾート服	アッパー・イースト・サイド
132	J. Leon Lascoff & Son	コスメ／ドラッグストア	アッパー・イースト・サイド
132	Jonathan Adler	インテリア雑貨	アッパー・ウェスト・サイド
135	catbird	ジュエリー	ウィリアムズバーグ
136	Brooklyn Flea	フリーマーケット	ウィリアムズバーグ
139	Moon River Chattel	生活雑貨・家具	ウィリアムズバーグ
141	Cog & Pearl	ブルックリン・ブランド雑貨	パーク・スロープ
148	JUNK	アンティーク家具・雑貨	ウィリアムズバーグ
148	St. Kilda	ジュエリー	パーク・スロープ
148	Stained Glass Store	ステンド・グラス	パーク・スロープ

カルチャー＆観光スポット

17	St. Paul's Chapel	教会	ロウアー・マンハッタン
22	Governors Island	島	ロウアー・マンハッタン
28	Fishion Herb Center	マッサージ	チャイナタウン
51	Elizabeth Street Gallery	アンティーク・ギャラリー	ノリータ
52	McNally Jackson Books	書店／カフェ	ノリータ
52	Housing Works Bookstore Café	書店／カフェ	ノリータ
56	Tenement Museum	博物館	ロウアー・イースト・サイド
66	Cake Shop	コーヒー／ライブハウス	ロウアー・イースト・サイド
78	The Creative Little Garden	庭園	イースト・ビレッジ
79	9th Street Community Garden Park	庭園	イースト・ビレッジ
87	Smalls Jazz Club	ジャズクラブ	ウェスト・ビレッジ
94	Bonnie Slotnick Cookbooks	書店	ウェスト・ビレッジ
95	Three Lives & Company	書店	ウェスト・ビレッジ
106	Juvenex Spa	韓国スパ	グラマシー
108	The High Line	空中庭園	グラマシー
110	Books of Wonder	絵本	グラマシー
110	Strand Bookstore	書店	グラマシー
110	Theodore Roosevelt Birthplace	ミュージアム	グラマシー
110	Lomography Gallery Store	アートギャラリー／ショップ	グラマシー
114	The Morgan Library & Museum	美術館	ミッドタウン
116	The Complete Traveller Antiquarian Bookstore	書店	ミッドタウン
148	Brooklyn Art Library	アートショップ／ライブラリー	ウィリアムズバーグ

ホテル

19	The Wall Street Inn	ホテル	ロウアー・マンハッタン
29	The James	ホテル	チャイナタウン
63	Bluemoon Hotel	ホテル	ロウアー・イースト・サイド
93	The Jane Hotel	ホテル	ウェスト・ビレッジ
103	The Inn At Irving Place	ホテル	グラマシー
119	414 Hotel	ホテル	ミッドタウン

おわりに

モザイクのように入り組み、万華鏡のようにキラキラと輝くニューヨークを歩いていると、数えきれないほどの発見や出逢いに遭遇し、街が生きているかのように感じます。

ニューヨークは、新しいスタイルの発信地であり、世界中のおいしいものが集まる場所。どんなことが起きようとも、元気いっぱいで、人と人の距離が遠ざからないところ。
そんなニューヨークを歩いてまわって、かわいいお店や素敵なレストランへ行っていただきたい。この街でつくった想い出を、心のポケットにしまって日本へ持って帰っていただきたい。
小さなニューヨークでの時間は、きっと記憶の中にいつまでも大きく生き続けることでしょう。

この本は、たくさんのニューヨーカーと制作チームの方々の協力によりできあがりました。
ニューヨークの街を一緒に歩いてまわり、数々の想い出をともにしたカメラマンの加治枝里子さん。彼女がとらえる世界観と感性のピントの鋭さには圧倒されました。
かわいいアイデアをたっぷりと盛り込んでくれたデザイナーの塚田佳奈さんと南彩乃さん、この本の軸となる地図を堅実に製作してくださった山本眞奈美さん、そして、はじめから終わりまで、丁寧に力強く引っ張ってくださり、実際にニューヨークでも忘れられない日々を一緒に過ごすことができた大和書房の鈴木萌さん。
この場をかりて、心よりみなさまに感謝いたします。

そして最後に、この街が存在しなかったら執筆を叶えることができなかったニューヨークにも、ありがとうを送りたいです。

Dedicated to the City of New York.

2012年2月　　ニューヨークにて
岡野ひろか

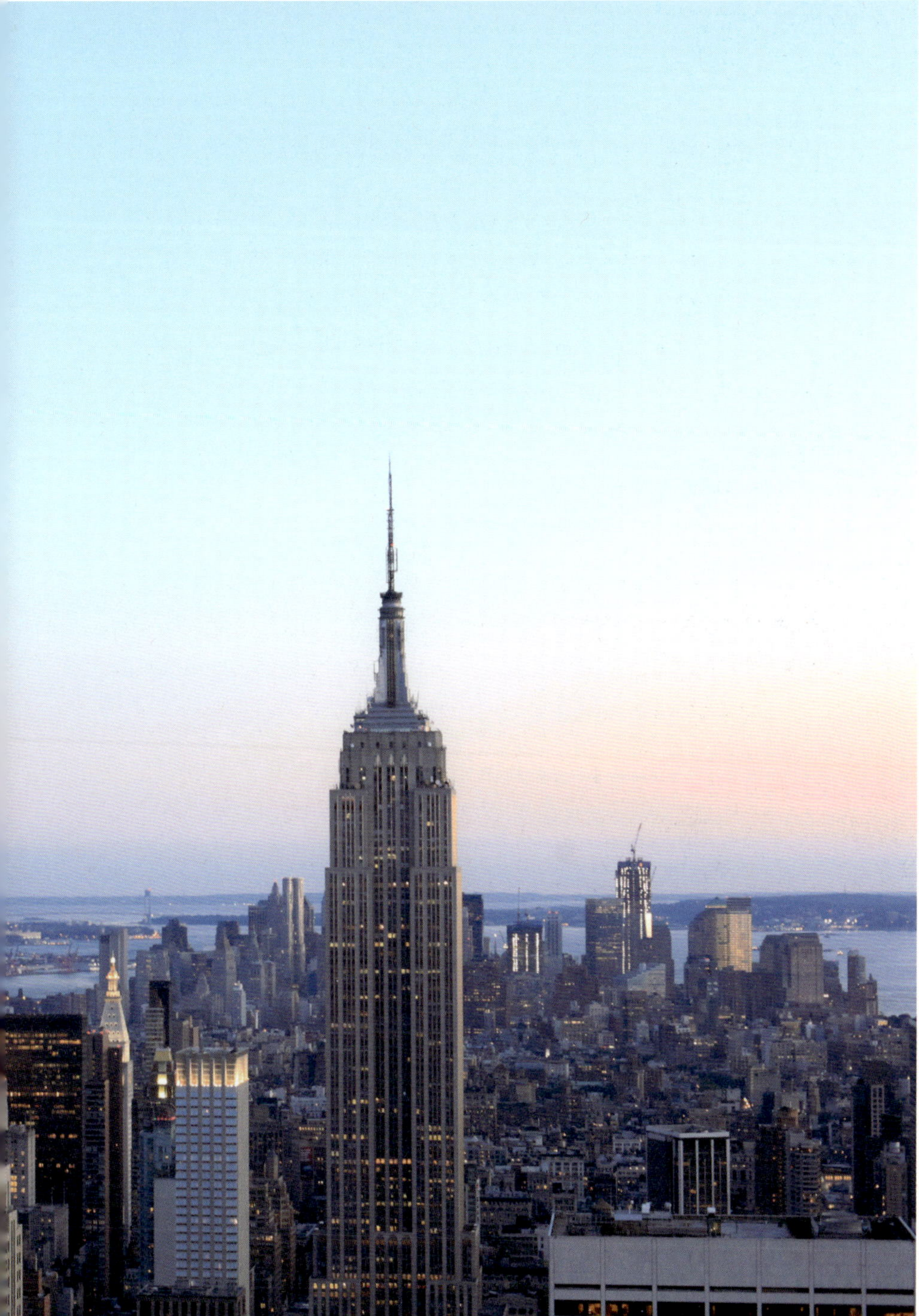

またね！
See you soon!

著者　Author

岡野ひろか　*Hiroka Okano*

東京生まれ、ニューヨーク在住ライター。16歳のとき、はじめて訪れたニューヨークに魅せられ"いつかこの街に住みたい"と夢をみる。アメリカの大学を卒業後、ニューヨークと東京の出版社、広告代理店を経て、2007年よりフリーランスとして活動中。旅好き、猫好き、料理好き。おいしいもの、不思議な出逢いを求めて、きょうも寄り道をしながらニューヨークにときめいている。

"a bit bite of new york"
http://hirokano.jugem.jp/

写真　Photographer

加治枝里子　*Eriko Kaji*

1981年生まれ。アメリカへの美大留学をきっかけに作品制作をはじめる。2006年から3年間パリでフォトグラファーとしての経験を積み、現在は東京を拠点に雑誌、広告、書籍などで活動中。撮影を担当した書籍は『歩いてまわる小さなパリ』(大和書房)、『シンプルを楽しむ北欧の幸せのつくり方』(エディシォン・ドゥ・パリ)など多数。本書は真夏のニューヨークを、自転車で駆けまわって撮り下ろした。

www.erikokaji.com

デザイン　Design

塚田佳奈　*Kana Tsukada*
南　彩乃　*Ayano Minami*
(ME&MIRACO www.meandmiraco.com)

地図製作　Map

山本眞奈美　*Manami Yamamoto*
(DIG.Factory)

カバー写真協力　Cover Photo

BabyCakes NYC(P58)

編集　Editor

鈴木　萌　*Moe Suzuki*
(大和書房)

Special Thanks to
Shin & Kobe

歩いてまわる小さなニューヨーク

2012年4月30日　第1刷発行

著者	岡野ひろか	
発行者	佐藤　靖	
発行所	大和書房　東京都文京区関口1-33-4　〒112-0014	
	電話 03-3203-4511　振替00160-9-64227	
印刷所	歩プロセス	
製本所	田中製本印刷	

©2012 Hiroka Okano, Printed in Japan
ISBN 978-4-479-78242-1
乱丁・落丁本はお取り替えします
http://www.daiwashobo.co.jp

本書に掲載している情報は、
2012年2月現在のものです。
お店のデータや料金など、
掲載内容が変更される場合もございます。

初心者にも 常連さんにも、
きっと満足してもらえる1冊です。

パリ版
アプリも
発売中！
app store
・
Android market
で見つけてね。

歩いてまわる小さなパリ
荻野雅代　桜井道子

足の向くまま、
普段着のパリを覗こう。

時間の限られた旅行でも大丈夫。歩いて名店を発見する喜びがある道や、パリジャンたちのお気に入りの隠れた名店をギッシリ175軒紹介。　1890円（税込）

歩いてまわる小さなロンドン
江國まゆ

クラシカルでロックな
魅力を味わい尽くす。

ロンドナーに愛され続ける小さな老舗や最新の人気スポット、地元の人がこぞって通うレストランなど189軒を案内。
1890円（税込）

日帰り
旅行も！

歩いてまわる小さなパリ
トリコロル・パリ　荻野雅代　桜井道子

パリの老舗＆最新スポットを楽しんだら、
ヴェルサイユとシャルトルに足を延ばして。

1冊目では紹介しきれなかった見どころ満載。パリから日帰りできる人気の2都市の情報もおまかせください。
1890円（税込）

niwatoribunko
N B O
にわとり文庫
03-3247-3054